Jean Starobinski

BESESSENHEIT UND EXORZISMUS

JEAN STAROBINSKI

BESESSENHEIT UND EXORZISMUS

Drei Figuren der Umnachtung

VERLAG R. S. SCHULZ

Titel der Originalausgabe:
»Trois Fureurs«
Editions Gallimard, Paris
Vom Verfasser autorisierte Übersetzung:
Helmut Kossodo

Inhaltsverzeichnis

Vorwort

Drei Besessenheiten. Drei Figuren des Wahnsinns und der Umnachtung. Vorliegende Essays befassen sich mit Situationen des Äußersten, in denen der Mensch – sei es in Raserei oder Gelähmtheit – dem Gesetz einer höheren Macht unterliegt: der eine Viehherde hinschlachtende Aias, der in den Grabhöhlen und auf den Bergen tobende Besessene von Gerasa, die dem Entsetzen ausgelieferte Schläferin Johann Heinrich Füsslis.

Drei bedrückende Mächte: die Göttin Athena, der Teufel Legion, der Inkubus. In ihnen verkörpert sich der Feind, der dem Menschen die Gewalt über sein Handeln raubt; sie zeichnen sich in klaren Linien auf dem Hintergrund der Finsternis ab. Vielleicht sind sie aus dem Bedürfnis der Darstellung unserer Ohnmachtszustände entstanden. Sie sind aber auch Abbilder jenes abseitigen Triebs, sich einer fremden, zerstörerischen Gewalt zu unterwerfen, sich ins Verderben zu stürzen – in die schwarze Erlösung – und das Schlimmste geschehen zu lassen.

Drei Verblendungen: die trügerische Wolke verhüllt Aias' Blick, der Dämon weigert sich, dem Heiland unterwürfig zu sein, die Augen der Schlafenden sind geschlossen. Die Besessenen sind ausgestoßene Wesen: sie haben keinen Zugang zum Licht mehr. Ihr Elend, ihr Versagen liegt darin, daß sie sich nicht mehr selber gehören, weil sie nicht mehr dem Tag gehören.

Die vorliegenden Essays zeigen aber auch die schmerzhafte und doch triumphale Rückkehr eines erweiterten Bewußtseins, die Neugeburt und das Wiederfinden des »Subjektes« zu sich selber, die überwundene Enteignung. Nach seiner Umnachtung findet sich Aias im Licht einer geschärften Erkenntnis, die den Tod verlangt. Der geheilte Besessene erhält den Auftrag, seine Erlösung zu verkünden und das Wort zu verbreiten, das ihn vom Feind befreite. Das Werk Füsslis ist das Zeugnis eines zwar faszinierten, aber klarblickenden Bewußtseins: die Widerspiegelung ist Zuschauerin der Verblendung, sie sieht und weist in klargezeichneten Zügen auf die mit geschlossenen Augen daliegende, den Mächten der Finsternis preisgegebene Frau.

Ein neues Wissen, ein neues Wort, ein neuer Blick: das ist erreicht, wenn die Besessenheit und die Abwesenheit überwunden sind. Aber dazu müssen die zur Rückkehr zu sich selber angesetzten Energien auch kräftig genug sein. Sonst gibt es keine Überwindung mehr, und die Besessenheit zieht alles in den Abgrund und löst es in Finsternis auf. Schon deshalb ist dieses Vorwort eine Vorwarnung.

Das Schwert des Aias

Was zum Selbstmord führt

In der westlichen Kultur schwanken die Vorstellungen vom Selbstmord zwischen zwei extremen Typen: einerseits der bei vollem Bewußtsein verübte Selbstmord, das Ergebnis einer Entscheidung, in der die Notwendigkeit des Sterbens exakt gegen die Gründe des Weiterlebens abgewogen und für gewichtiger befunden wird; andrerseits die im Wahn befangene Verirrung, das »Sich-dem-Tod-Ergeben«, ohne den Tod zu denken. Diese beiden antithetischen Beispiele könnten Cato und Ophelia heißen. Cato gibt sich in heldenmütiger mannhafter Wachsamkeit den Tod [1]. Ophelia gibt sich ihrem verzweifelten Traum hin wie eine, »die ihres eig'nen Kummer nicht bewußt . . .« [2], sie läßt sich treiben und versinken. Der philosophische Selbstmord, dieses Meisterstück autonomer Entscheidung, fordert das Tageslicht, den Strahl des Ruhms; auch in der Einsamkeit begangen bietet er sich allen Blicken, die ihn regierende

---

[1] »Hätte es an mir gelegen, ihn in seiner herrlichsten Pose darzustellen, so wäre es, als er blutüberströmt seine Eingeweide zerriß und nicht einfach mit dem Schwert in der Faust, wie ihn die Bildhauer seiner Zeit abbildeten.« (Montaigne, Essais II, XIII.)

[2] Hamlet IV, VII: As one incapable of her own distress.

11

Vernunft braucht universale Zustimmung. In ihm finden wir das tatkräftige männliche Bild der gegen sich gerichteten Klinge, den Beweis einer auch angesichts der verlorenen Schlacht stets gegenwärtigen Freiheit. Auf der anderen Seite ist das Bild weiblich, passiv und nachtgebunden: es zeigt die innere Niederlage, das Wachsen der Schatten, den Verzicht und die Aufgabe; das Wesen kehrt in das Dunkel des Ursprungs, in das Urwasser zurück.

Zwischen diesen beiden so klar antinomischen Beispielen ist zweifellos viel Platz für die weniger reinen Fälle, in denen der Tod sowohl mit den Argumenten des vom Willen bestimmten Denkens als auch der um sich greifenden Verzweiflung angerufen wird. Um es in der Sprache unserer Zeit zu sagen: im Abstand zwischen dem unversehrten Verstand und der Psychose erstrecken sich die vielfältigen Möglichkeiten der Neurose. Dort wuchert es geradezu an Mischformen, in denen Verstand und Unverstand sich vermengen und verschmelzen, ohne daß man sie voneinander zu trennen vermag. Es kann geschehen, daß der erwägende Verstand sich in den Dienst des Wahns stellt, daß die vom Spiel der Launen hervorgebrachten Schuldgefühle sich mit streng und präzis ausgedrückten Vorwänden umgeben; da wird die Logik zum Trugschluß, rettet die Ehre, indem sie den Schein aufrecht erhält, gehorcht aber eigentlich den Befehlen, die ihr eine obskure Panik diktiert. Der Selbstmord à la Werther, dessen Beispiel das romantische Zeitalter beherrscht, gehört in diesen verschwommenen Bereich. Es ist bekannt, daß die Geste des Selbstmords in Wirklichkeit höchst selten einer einzigen und einfachen Ursache zuzuschreiben ist. Die bedrückende Gegenwart (oder die als erdrückend ausgelegte Gegenwart) und die unverdaute Vergangenheit, die »äußeren« Umstände und die »inneren« Anlagen, der vorgeplante Entschluß und die plötzlichen Eingebungen treten so eng zueinander in das Bild, daß es für die Angehörigen schwer zu beurteilen ist, warum ein Mensch sich das Leben nahm. Man sucht nach einer Ursache, einem Schlüssel – und man findet ihrer zu viele. Das Feld der Interpretationen, Auslegungen und Rekonstruktionen liegt offen.

Mit den Mitteln des heutigen Wissens gelangt man durch den Prozeß der Analyse zur Annäherung der motivierenden Kräfte. Aber dieser Prozeß (muß man daran erinnern?) kann ja nur *am lebenden Objekt* vollzogen werden: er spielt sich zwischen Lebenden ab, im fortschreitenden Dialog zwischen den Äußerungen des Analysierten und den Gegenäußerungen des Analytikers, in ihm ist man auf der Suche nach einem Bild der Vergangenheit, dem beide zustimmen können und von dem aus sich eine lebenswerte Zukunft in aller Freiheit erfinden läßt. Der Selbstmord ist in seiner Weigerung, einer Zukunft entgegenzusehen, die Vereinigung par excellence des ganzen analytischen Unternehmens: oft ist er sogar, wie man weiß, sein niederschmetterndes Versagen, ein unwiderruflicher Abbruch des Gesprächs, für den (zu recht oder zu unrecht) der Analytiker die Verantwortung trägt. Wer den Selbstmord begreifen will, muß mit Vermutungen das abgebrochene Leben wieder aufbauen und sich dabei eines bereits *vollendeten* Materials bedienen; man kann die Geschichte, soweit man will, bis in die Kindheit zurückverfolgen, aber ihr Ende muß notgedrungen mit der Tat der Selbstzerstörung enden. Eine abgeschlossene Geschichte erzählen: das ist so einengend zwanghaft wie bequem. Die Erzählung ist von da an der Willkür des Erzählenden ausgesetzt, der in seiner Gewißheit, bei einer wahren Tatsache zu enden, den Widerspruch dessen, von dem er spricht, nicht mehr zu fürchten hat. Diese erzählerische Freiheit, die sich auf einen zwangsläufigen Ausgang stützt, gestattet den Aufbau einleuchtendster Hypothesen und Zusammenhänge. Der Erzähler stößt auf keinen Widerstand mehr: das ist das offensichtliche Zeichen dafür, daß der Gesprächspartner *verschwunden* ist. (In der psychoanalytischen Literatur gibt es viele solcher geschickt beweisenden Berichte, bei denen es im voraus feststeht, wie und wo sie enden müssen, und darin gleichen sie den Geschichten von Selbstmördern, selbst wenn ihre Helden wohlbehalten am Leben sind. Wenn der Erzähler Herr seines Schlusses ist, so vollzieht sich alles, als ob er den Dargestellten tötete [3]). Mit Hilfe der Frustrations- und Aggressionsbegriffe, mit der Einbeziehung der Mitmenschen und Gegenspieler, die es in jedem Leben gibt, fällt es dem interpretierenden Erzähler eines im Selbstmord beendeten Schicksals nicht schwer, den aufeinanderfolgenden Augenblick der Unglückssehnsucht, jener Sehn-

---

[3] Als ob er ihn entließe, ihn als geheilt wegschickte. (Im Medizinenglisch heißt es: to discharge.)

sucht, die zum Todeswunsch wird, nachzuspüren. Auf diese Weise entwickelt sich ein erklärender Mythos, eine Fabel mit Wahrscheinlichkeitsgehalt, die die Sinnlosigkeit des Selbstmordes in das Licht einer sinnvollen Schilderung rückt und den Augenblick des Todes durch die Szenenfolge einer inneren Dramaturgie erklärt.

So wie sie gewöhnlich geschildert wird, ist in dieser Fabel nicht nur der Dargestellte die Hauptperson, der allein Handelnde. Der Entschluß zur Selbstauslöschung wird ihm von seinem Über-Ich oder einer anderen Instanz aufgezwungen, die er nicht kennt und deren Gesetz er unterliegt. Wem ist die Verantwortung für diesen unabwendbaren Entschluß letztlich zuzuschreiben? Man wird uns nahelegen, diese Frage nicht zu stellen. Der Vorgang sollte als eine Szenenfolge betrachtet werden, die sich unter mehreren abspielt; Pulsionen, Instinkte, maskierte Schauspieler, die immer im Namen eines anderen auftreten: so erscheint der Selbstmord nicht als Ende eines Individuums, sondern als der Zusammenbruch eines ganzen Theaters, dessen aus bewaffneten, gegeneinander kämpfenden Figuren bestehende Truppe das Stück sabotiert.

Daß der Oedipus des Sophokles zu diesen Figuren gehört – er, dessen Heldenpersönlichkeit zur Unpersönlichkeit einer Begriffsbezeichnung gemacht worden ist –, deutet in aller Klarheit auf eine dramaturgische Abstammung hin. Die unter dem freien Himmel ragende Gestalt des Mythos der Antike – unberührt von jeder psychologischen Auslegung – wird als eines der Schemen und Allgemeinheiten in den Dienst einer Psychologie gestellt, deren Forschungsgebiet das Unbewußte und die lückenhaften Beziehungen des menschlichen Einzelwesens zu seiner verdunkelten Vergangenheit sind. Nachdem der Assimilationsprozeß einmal vollzogen ist, nachdem die Gestalten des Mythos in den psychologischen Sprachschatz eingegliedert und zu ihren Begriffswerkzeugen gemacht worden sind, reihen sie sich in die Zahl der motivierenden Kräfte menschlichen Verhaltens ein, oder sie leihen zumindest ihren Namen gewissen Wunschvorstellungen, Gemütsleitstrahlen, die das psychische Schicksal des Einzelmenschen bestimmen.

So trägt die mythische Gestalt schließlich zum wirkungsvollen Ablauf einer naturalistischen Interpretation bei, in der man sich bis zum äußersten dagegen sträubt, dem eigenwilligen Menschen die Verantwortung für die Wahl seiner Handlungen und Entschlüsse zuzuschreiben, und sie auf eine Vielfalt von Kräften verteilt, denen gegenüber das Einzelwesen sich jederzeit in einer Zwangslage befindet. (Der erste Vatermörder hat im voraus für mich entschieden: ich bin mit seinem phylogenetischen Erbe belastet.) Wie sollte der Mensch da nicht – wie man sagt – »in Frage gestellt« sein, wenn die Ursachen seines Verhaltens in den vielartigen Mechanismen zerstreut sind, deren einzige Kontrolle in ihrer gegenseitigen Beschränkung beruht? Die Verantwortung – die niemandem mehr anhaftet – darf nicht einmal mehr genannt werden. Sie überläßt an ihrer Stelle einen zersplitterten Determinismus, bei dem das *Ich* zwar nicht gerade abgeleugnet, aber nicht mehr in die Gesamtheit der widerstreitenden Energien einbezogen wird.

16

Eine solche Theorie ist grundsätzlich schuldverneinend: die moralische Schuld (die als Überbleibsel einer vergangenen Ausdrucksweise betrachtet wird) löst sich in einer unpersönlichen Notwendigkeit auf. Gibt es noch jemanden, der diesem Determinismus zustimmen oder sich ihm widersetzen könnte? Die inneren Verstärkungen, die der Betroffene zu seiner Verteidigung heranziehen möchte, sind entweder des Verrats verdächtig, oder sie sind bereits hinterrücks eingenommen worden.

Im Fall des Selbstmords wird die heutige Psychologie die Unfähigkeit des Täters, seine Affekte zu beherrschen, anführen; sie wird darin den Triumph eines sado-masochistischen Schuldkomplexes erkennen; sie wird das Übermaß oder auch die Unzulänglichkeit eines Abwehrmechanismus gegen die Angst dafür verantwortlich machen. Kurz, sie wird ihn als eine Geste betrachten, die den Determinismus bestätigt. Und sie wird in der philosophischen Argumentation, nach der der Freitod die letzte Zuflucht einer rebellischen Freiheit vor den ihr von innen auferlegten oder von außen auf sie eindringenden unerträglichen Forderungen des Determinismus ist, nur ein Täuschungsmanöver sehen.

Diese Grundform der psychologischen Auslegung nimmt Allgemeingültigkeit in Anspruch. Sie schließt die Gestalten der Dichtung, die Fabelwesen und die, deren Schicksal ihr bezeichnend genug erscheinen, um als Begriffsmodell zu dienen, nicht aus ihrer Kompetenz aus. Nachdem sie aus der griechischen Tragödie ihre Anleihen bezogen hat, will sie diese nun wiederum erklären. Es genügt ihr nicht, im Falle des Oedipus das Musterbeispiel einer Situation herangezogen zu haben, sie wünscht, daß diese Situation von nun ab in ihre Kompetenz gehört, d. h. in das Auslegungssystem, das sie auf alltägliche Verhaltungsweisen anwendet [4]. Und da geht es nicht ohne Gewalt zu. Die Helden der Tragödie werden analysiert, als seien sie mit ihrem Unterbewußtsein und ihrer eigenen erlebten Vergangenheit beschäftigt, während der Dichter sie uns im Ringen mit den Göttern zeigt. Sie behandelt sie wie wirkliche Wesen, die eine wirkliche Kindheit erleben, deren traumatische Spuren verfolgt werden müssen, während ihr ganzes Dasein nur in der ihnen zugeschriebenen Rede besteht. Wo die Erforschung der hypothetischen Kindheit der Helden dann doch zu unsinnig erscheint, nimmt die Psychologie mit der Kindheit des Dichters vorlieb. Kurz gesagt, begeben sich die heroischen Gestalten aus dem vom Zorn der Götter beherrschten Ort in die Gefilde der illustrierten Darstellung, in der die Gefahr ungelöster Affekte geschildert wird. Ihre dichterische Größe und die Majestät ihres Unheils werden zur sublimierten Version eines schlecht gelösten Familienkonflikts erniedrigt. So tragen sie zu einer gegenstandslosen Katharsis in einer von den Göttern verlassenen Welt bei.

Im Maße ihrer Schuldverneinung löscht die moderne Psychologie den Begriff des Tragischen aus und ersetzt

---

[4] Weitere Ausführungen zu diesem Problem: »Hamlet und Oedipus« (La Relation Critique, 1970, S. 286 bis 319). Deutsch in: Psychoanalyse und Literatur, Frankfurt/M. 1973, S. 110–142.

ihn durch den des Pathologischen, sie legt das pragmatische Feld der Behandlungschancen frei. Während die griechischen Dichter ein charakteristisches Wesen (Ethos) im Kampf mit einer höheren Macht (Daimon) [5] darstellten, empfiehlt uns die moderne landläufige Theorie, die Einheit des Charakters als eine Maske zu betrachten, hinter der sich jene zwingenden innerlichen Kräfte verbergen, die das verarbeitete Erbe der »dämonischen« Mächte aus dem Polytheismus der Antike übernommen haben. Der Mensch hat es zwar immer noch mit einem »Stärkeren« zu tun, aber dieser »Stärkere« ist jetzt die Gesamtheit der ihn bewegenden, ihn formenden und ihn seiner Fähigkeit, »im eigenen Namen zu sprechen«, beraubenden Energien. Strebten die klassischen Psychotherapien (inklusive der Psychoanalyse) noch zur Wiederherstellung des »eigenen Namens«, so gibt es heute genügend Extremisten, denen ein solches Anliegen lächerlich und hemmend erscheint: sie bieten statt dessen einen Polytheismus der Triebe an, bei dem es niemanden mehr gibt, der sich einem Kampf stellen oder eine Verantwortung tragen könnte. Damit befinden wir uns hier genau im Gegensatz zum antiken Drama, in dem der Held – auch wenn er nur der Spielball einer höheren Macht ist – für seine Taten einstehen muß.

---

[5] Für weitere Ausführungen zu diesem Punkt sei auf zwei Essays von J. P. Vernant hingewiesen: »Tensions et ambiguïtés dans la tragédie grecque« und »Oedipe sans complexe« in J. P. Vernant und P. Vidal-Naquet »Mythe et tragédie en Grèce ancienne«, Paris 1972.

Trotz und Auflehnung

Sophokles läßt in der Person des Aias im Laufe eines einzigen vergänglichen Tages die beiden entgegengesetzten Zustände der absoluten Verirrung und der äußersten Bewußtseinsklarheit, des erlittenen Zwanges und des freien Todesentschlusses in Erscheinung treten. Diese Zustände gehören völlig voneinander verschiedenen Momenten an, und ihr Gegensatz ist so scharf umrissen, daß er zweifellos für die Wirkung des tragischen Effekts bestimmend ist. Mit verblüffender Präzision gliedert Sophokles die Folge, die Verkettung und die Unterschiede der leidenschaftsgeprägten Verhaltensformen: von der Auflehnung zum Wahn, vom Wahn zur Erkenntnis der Schande, von dieser demütigenden Einsicht zum freien Entschluß des Todes. Der moderne Leser hat das Gefühl, im zeitlichen Ablauf der Vorstellung die reinen Farbstrahlen zu erblicken, aus denen sich das blendende Licht des Selbstmordes zusammensetzt. (Welch ein Gegensatz zu jenem verwirrten Bewußtsein, das so häufig den Helden der Tragödien des Racine eigen ist! Auch in ihren tragischsten Konflikten bleibt ihr Blick umflort, und in ihren Leidenschaftsausbrüchen bewahren sie stets noch etwas Vernunft. Sie gelangen weder zur vollkommenen Hellsichtigkeit noch zur totalen Verblendung.)

Sophokles' Drama beginnt am Ende einer blutigen Nacht. Aias hat im Glauben, er träfe die Atriden, eine Viehherde niedergemetzelt, hat sich in sein Zelt eingeschlossen und ist noch in seinem Wahn befangen. Athena, die den Helden in diese Verblendung gestürzt hat, beherrscht die Szene. Odysseus nähert sich heimlich, um »die Wahrheit zu erhellen«. Die Göttin ruft ihn an …

Aber der Zuschauer weiß, was vorgegangen ist: der Tod des Achill, seine Waffen, die für den Tapfersten bestimmt sind, und der dazu auserwählte Odysseus, den man Aias vorgezogen hatte. Schon das gibt Anlaß zu Überlegungen: die große heroische Gestalt ist nicht mehr vorhanden; in ihr verkörpert sich eine spontane Vollkommenheit, eine ungeteilte Überlegenheit. Ihr Platz ist leer. Kein neuer Achill wird diesen unübertrefflichen Helden ersetzen können. Ein neues Zeitalter bricht an – das Zeitalter der Erben und der Nachfahren. Aber die begehrten, vom totalen Krieg hinterlassenen Waffen bewahren die Verbindung mit der alten Zeit – der heldischen Zeit. Der harte Kampf ist noch nicht beendet; die Aufgabe ist noch voll und ganz zu erfüllen: Troja muß eingenommen werden. Der Gegensatz zwischen Odysseus und Aias, den wettstreitenden Erben, zeigt vielleicht die Spaltung der in Achill noch vereinigten Tugenden: die Kraft und die Vernunft. Sobald die Angelegenheit zur Sprache kam und über die Entscheidung abgestimmt werden sollte, war es zu erwarten, daß die Vernunft siegen mußte [6]. Der Beifall gilt stets einem Werk der

[6] Eine Abstimmung fand statt, und Teukros (gegen 1135) wirft Menelaos vor, das Ergebnis gefälscht zu haben. Das Wort »psephopoios« gehört zu einer Wortgruppe (psephos, psephiso), die Homer nicht kannte: diese Termini beziehen sich auf die Institutionen des Stadtstaates. Es gibt zahlreiche Versionen über die Verlei-

Sprachkunst. Odysseus versteht es, zu reden und zu überzeugen; seine Geschicklichkeit liegt in der »Achtung«, die er den Göttern und den Vorgesetzten entgegenbringt: gibt es ein besseres Mittel, sich Gunst zu verschaffen? Die neue Zeit – die Zeit der Verhandlung – grenzt durch das Wort den Kampfplatz ab; hier gelten jetzt die Regeln der Überzeugungskraft und der Macht des Wortes: die Brachialgewalt soll überwunden werden. Der Kampfplatz der vorhergehenden Zeit war das Schlachtfeld, das Feld der Auseinandersetzung mit Waffengewalt, kriegerischen Kampfes und der Wut, die sich durch Worte nicht aufhalten lassen. Auch jetzt sind die Männer bereit, den bewaffneten Kampf wiederaufzunehmen, aber sie haben erkannt, was sie dabei aufs Spiel setzen.

Die »Ilias« endet vor dem Tod des Achill: also vor der Einnahme Trojas. Sie erzählt uns alles, was Gewalt vermag (und auch alles, was zur Vermeidung von Gewalt erfleht werden kann). Wir wissen ein für allemal, daß die Einnahme der Stadt sich nicht auf offenem Schlachtfeld, nicht durch einen regelrechten Sieg entschei-

---

hung der Waffen des Achill und über die Richter der Debatte. In der Odyssee XI, 547, werden die »Töchter der Trojaner und Pallas Athene« als Richter genannt. Pindar jedoch (Nemeische Preislieder VIII, 22) stellt Aias, der in der Redekunst nicht gewandt genug war, als ein Opfer perfider Machenschaften dar: »Die Danaer begünstigten Odysseus in geheimer Wahl (kruphiaisi en psaphois), und der der goldenen Waffen entbehrende Aias kämpft mit dem Tod.«

den kann. Um der feindlichen Stadt beizukommen, müssen List und Überlegung angewandt werden. Die Eroberung ist das Werk des Odysseus.

Es liegt ein symbolischer Wert in der Tatsache, daß er mit der Mehrheit der Stimmen das Verfügungsrecht über die Waffen des Achill erlangt. Damit wird die Gewalt mit ihren Mitteln zum untergeordneten Element. Gewiß, die Waffen, die Werkzeuge der Gewalt, sind noch das umstrittene Gut; aber ihre Verleihung wird durch das Wort und die Zahl der Stimmen entschieden.

Ohne mit den Gepflogenheiten einer »feudalen« und kriegerischen Gesellschaft zu brechen, deutet die Waffendebatte die »Verhandlung« der demokratischen Gesellschaft an. Aber die aus Bürgern zusammengesetzte erörternde Versammlung setzt den Gehorsam der militärischen Führer voraus [7]. Und gerade diesen Gehorsam verweigert Aias. Er ist als Verbündeter und Gleichgestellter zum Kampf erschienen, nur durch seinen Eid verpflichtet. Als Kriegsheld will er von niemandem abhän-

---

[7] Zur Zeit, als das Stück aufgeführt wurde (um 445), ist gerade das eine aktuelle Frage, ebenso wie die Diskussion über die Beisetzung. Aias ist der legendäre Vorfahr einiger großer Familien aus Attika, die sich zuweilen sehr unabhängig verhielten. So konnte das Publikum in der Tragödie des Sophokles gewisse Anspielungen auf Ereignisse der Zeit wahrnehmen: die Auflehnung des Aias gegen die peleponnesischen Führer wurde im Lichte des Konflikts zwischen Athen und Sparta gedeutet.

gig sein; jede Autorität, die ihn in ihren Bereich ziehen will, ist ihm von vornherein zuwider. Er schuldet niemandem Rücksicht oder besondere Achtung. Er weiß, daß seine Kraft nicht ihresgleichen hat. Daher kann er eine Zurücksetzung nicht annehmen; denn es ist nicht eine Schande, daß die ruhmreichen Waffen nicht dem zukommen, der sich mit gutem Recht für den vollkommenen Kämpfer hält? Man hat Odysseus erwählt: dem »tüchtigen Krieger« hat man den listenreichen, den erfinderischen Schönredner vorgezogen. Damit ist die Manneskraft gedemütigt. Aias sieht sich in seinem ganzen Wesen verletzt; reiner Heldenmut wird nicht anerkannt. Verweigert man ihm diese Tugend, so bleibt ihm nichts zurück, denn seine Existenz beruht auf einer schmalen Grundlage: die Werte, die er anerkennt und schätzt, sind nicht sehr zahlreich, und deshalb ist er um so mehr verletzlich. Für ihn gibt es nur die Ehre, die Treue, furchtlosen Wagemut. Vor allem will er seine Unabhängigkeit behaupten. Eines Tages hatte er sich sogar als stark genug erklärt, um auch ohne die Hilfe der Götter siegen zu können: da war er in der Überzeugung seiner Machtvollkommenheit entschieden zu weit gegangen. Dagegen ist Odysseus der Mann der vielfältigen Wege und Lösungen, er kennt die zahlreichen äußeren Kräfte, von denen die Sterblichen abhängig sind. Aias bleibt zu seinem Unheil der Mann einer einzigen, stolz hervorgekehrten Tugend – ein Monotropos [8].

---

[8] Sophokles benutzt diesen Ausdruck nicht. Er ist der genaue Gegensatz zum Qualifikativ des Odysseus. Bei

Aias hat sich einer Abstimmung, die er als benachteiligend und beleidigend empfindet, nicht gefügt. Er fühlt sich verletzt und übervorteilt und weigert sich, das Urteil hinzunehmen. So schließt er sich von der sich dem Gesetz der Mehrheit beugenden Gemeinschaft aus. Seine Weigerung stößt ihn in die Einsamkeit. Nicht der Erste zu sein, ist ihm gleichbedeutend für Entwürdigung, und seine Antwort ist die Weigerung, die Gültigkeit der Mehrheitsentscheidung anzuerkennen, weil sie ihn des ihm gebührenden Gutes beraubt. Er begnügt sich jedoch nicht wie Achill damit, sich abzusondern und seine weitere Waffenhilfe zu verweigern. Er wendet sich heftig gegen jene, denen er den Bündniseid geschworen hat. In seinen Augen gibt ihm der Betrug, dessen sie sich schuldig machten, seine volle Freiheit wieder zurück. Sein Entschluß ist gefaßt: er wird sie als Feinde behandeln, er wird sie vernichten. Die Treue, jene ausgleichende Komponente der Kraft, die ihm bisher seine Stellung gab, ist ein für allemal abgelegt. Das Gleichgewicht ist gestört, und die beleidigte Kraft verwandelt sich in offensive Gewalt. Der Treuebruch, die Verletzung des Eides sind für Aias nicht mit seinem Ehrbegriff vereinbar. Es ist eine Elementarreaktion, in der der gekränkte Stolz überwiegt. So ungehörig auch die Einbeziehung moderner psychologischer Begriffe in den Bereich des Mythos sein mag, so kann doch gesagt werden,

---

den Schriftstellern, die dieses Wort benutzten, erstreckt sich die Bedeutung von »Monotropos« auf Begriffe, deren Sinn von »einfach« bis »menschenfeindlich« reicht.

daß der Selbstmord des Aias – wie jede andere Form des Harakiri – der triumphale Wiedergutmachungsakt des verletzten Narzißmus ist: in ihm besteht der Beschimpfte – der nun einmal seine Beleidiger nicht umbringen kann – darauf, den Feinden seine in Frage gestellte »phallische« Männlichkeit unter Beweis zu stellen. Um in der heutigen Terminologie zu bleiben: der Schmerz, die funkelnden Waffen nicht erlangt zu haben, trägt die Sinnbedeutung einer Kastration; der freiwillige Tod durch das Schwert löscht die Schmach aus: diese den höchsten Mut fordernde Tat proklamiert die Unversehrtheit männlicher Potenz.

Hierzu sei noch bemerkt: im ältesten Legendenschatz ist nur vom Gram des Aias und seiner selbstmörderischen Verzweiflung die Rede. Das politische Moment der Auflehnung gegen die Führer hat wahrscheinlich bei Sophokles eine Bedeutung erlangt, die ihm die vorangehende Überlieferung nicht beimaß. Das unheilvolle Schicksal des betrogenen Helden wird somit zu dem des Verräters und Empörers. In dieser neuen Dimension sieht der Zuschauer den Aias mit einer zusätzlichen Schuld belastet und noch enger in die Maschen des Netzes verstrickt, in das er geraten ist. Nicht etwa, daß Aias sich je seinen Feinden gegenüber schuldig fühlt, aber so, wie ihn Sophokles darstellt, erkennt er nicht die Gefahr, sich mit seiner Auflehnung in noch größere Abhängigkeit zu begeben. Wenn er nämlich die Atriden mit seinem Haß verfolgt und sie zu vernichten trachtet, gibt er damit zu, daß sie für ihn noch immer die obersten Führer sind. Indem er sich gegen sie wendet, beharrt er ja darauf, ihnen gegenüber zu stehen. Stets glaubt er, von ihnen beobachtet zu werden, und bildet sich ein, Zielscheibe ihres Spottes zu sein.

Der rebellische Aias hat keinen Verbündeten mehr. Er hat seinem Halbbruder, dem Bogenschützen Teukros, nichts von seinem Vorhaben erzählt: Teukros kämpft irgendwo in der Ferne. Die Unabhängigkeit ist Aias zur Einsamkeit zerschrumpft. Schon seit langem und zu wiederholten Malen hatte er die Hilfe der Götter verschmäht. Seine Taten wären ihm weniger ehrenvoll erschienen, wenn eine Gottheit sie begünstigt hätte. Er suchte den Sieg allein und für sich allein, ohne geringste Hilfe von außen. Die Gewißheit, in seinem Arm alle Gewähr des Erfolges zu besitzen, ist der genaue Ausdruck jenes Narzißmus der Kraft, den wir bereits erwähnten. In einer eher dem griechischen Geist entsprechenden Formulierung könnte man sagen, sie sei der Ausdruck einer Rücksichtslosigkeit, einer mangelnden Achtung anderen gegenüber, die sich früher oder später der Bestrafung aussetzt. Wer sich anmaßt, ohne den anderen (ohne den Beistand einer Gottheit) Vollkommenheit zu erreichen, kann sich eines Tages aller seiner Eroberung beraubt sehen, um seinen Ruhm gebracht und der Vernichtung preisgegeben.

So ist Aias in völliger Isolation, denn sein Hochmut hat ihn bis zur Gottlosigkeit und sein Ehrgefühl zur Rebellion verführt. Andere haben sich zwar von den Menschen abgesondert, vertrauen sich aber weiterhin einer Gottheit an. Nicht so Aias: aus eigenem Antrieb hat er sich in völlige Absonderung gestürzt. Ohne menschliche Bindungen – Frau und Kind sind in Gefangenschaft und in derselben Lage wie er – und ohne den Trost der Götter lebt er nur aus seiner eigenen Kraft, die ihm alles ist. Oder räumlich gesagt: Achill hatte, um seinen Zorn zu zeigen, sich damit begnügt, sein Zelt abseits aufzuschlagen und sich einzuschließen. Aias, der »beim Schiffsgezelt – – – an des Lagers letztem Rand« (Vers 4) wohnt, hat sich nicht nur an der Grenze niedergelassen. Er »verläßt« willentlich die Gemeinschaft der verbündeten Krieger. Die unheilvollen Folgen dieses »Verlassens« werden von Sophokles in seiner Tragödie ausgeführt: wer nur auf sich selber zählt, wer ohne die Götter und gegen die Menschen lebt, ist zum Untergang verurteilt; er betritt die abschüssige Bahn des Mutwillens, und indem er sich aus der Ordnung der Gemeinschaft stürzt, stürzt er sich unvermeidlich aus dem Leben selbst. Auch wenn er einen ungerechten Beschluß der Gruppe bekämpft, darf der Mensch sich nicht von ihr ausschließen und sich mit dem Schwert sein Recht zu verschaffen suchen. Das Orakel des Kalchas – es wird verkündet, als es zu spät ist – sagt wörtlich und symbolisch zugleich voraus, daß Aias sterben werde, wenn er an diesem Tage sein Zelt »verläßt«.

Wir haben das Charakterbild des Aias – sein »Ethos« – nachgezeichnet, so wie es sich aus dem Text des Sophokles ablesen läßt: so muß der Held gewesen sein, um zur Ausführung seiner letzten Taten zu gelangen; derart waren seine Tugenden, aber auch seine Makel, die ihn in den unheilvollen Exzeß getrieben haben.

Die Unglücksträger: Der Name, die Waffe.

Vielleicht haben wir dem Aias eine zu große Anzahl von Begriffen zugemessen, die erst im XX. Jahrhundert entstanden sind, vielleicht haben wir auch etwas zu viel psychologische Zusammenhänge einbezogen. Es ist heutzutage üblich, in der psychischen Struktur eines Individuums nach den Triebfedern seines Verhaltens zu suchen und die Verbindungen zwischen Persönlichkeit und Schicksal klarzustellen. Fast alle modernen Interpretationen beschweren die Tragödie der Antike mit psychologischem Ballast: gewiß, der Text läßt es zu, aber wir müssen uns eingestehen, daß wir ihn damit mit einem interpretativen Zusatz versehen. Wenn wir heute dem einwirkenden psychologischen Untergrund wachsende Aufmerksamkeit schenken, so darf das nicht die anderen Elemente verkennen lassen: es sind nicht nur der Charakter, der Wille und die Leidenschaft, die den Helden in die Prüfungen des Schicksals stürzen, und es genügt auch nicht, dem Rachedurst der erzürnten Götter seinen Teil einzuräumen. In diesem ungleichen Kampf zwischen menschlichem und göttlichem Willen haben auch die unpersönlichen Elemente wie Namen und Dinge ihr Gewicht; sie treten zwar nicht in der Tragödie als Akteure auf, sind aber nicht weniger treibende Kräfte. Ihre unheilvolle Bedeutung wird erst nachher erkannt, im Augenblick, als der Held zu spät entdeckt, was ihn gezeichnet und zum Unglück vorbestimmt hat.

Als Aias wieder zu Sinnen kommt und stöhnend seine Schmach beklagt, wird ihm sein eigener Name, dessen

Klang zum Klagelaut wird, zum Zeichen des unabwendbaren Mißgeschicks. Er erkennt sich selbst in seinem Schmerzensschrei: »Ai! Ai!«

Wer hätte gedacht, daß dieser Schrei
Sich so zu meinem Aiasnamen fügt?
Zweifach und dreifach bin ich Aias jetzt,
Denn solcher Jammer hat sich aufgetan [9].

Der Name erhellt das Seufzen, und das Seufzen erfüllt den Namen mit einem von nun ab unzertrennlichen zweiten Sinn.

Aias hat die Viehherde mit seinem Schwert niedergemetzelt. Während er in seinem Zelt eingeschlossen ist, beschreibt Athena sein »von Schweiß gebadetes Haupt« und seine »vom Morden roten Hände« (cheras xiphoctonous). Mit demselben »blinkenden« (Vers 147), »spiegelblanken« (Vers 1025), aber auch »finsteren« (Vers 231) Schwert gibt Aias sich später den Tod. Diese Waffe bekam er von Hektor. Während einer Kampfpause hatten die Krieger Geschenke untereinander ausgetauscht (Ilias VII, 277–310). Aias hatte seinem Gegner einen Gürtel gegeben. Für jeden war das Geschenk des Gegners zum Unglücksträger geworden. Für Aias, der sich die Waffen des Achill gewünscht hatte (10), ist

---

[9] Zitiert nach der Übersetzung von Ernst Buschor (München 1954): Vers 430–433.

[10] Sie sind von Sophokles nicht beschrieben worden. Nur ihre Gattung und das Adjektiv ihrer Herkunft werden erwähnt: hopla achilleia »Vers 41, 1239, 1337). Anstatt

das Schwert der böse Anteil – der mit dem Fluch des
Hasses beladene Anteil des Feindes. Er wird sich dessen
gewahr, als es schon zu spät ist:

> *Und find ich einen unbetretnen Ort,*
> *Vergrab ich dieses ganz verhaßte Schwert*
> *Tief in der Erde, wo es niemand sieht.*
> *Von Nacht und Hades sei es nun verwahrt!*
> *Denn seit dem Hektor, unsrem schlimmsten Feind,*
> *Ich dies Geschenk entgegennahm, ward nie*
> *Mir von den Griechen gutes Ding zuteil.*
> *Und so bewährt sich jenes alte Wort:*
> *Daß Feindes Gaben keine Gaben sind.*

Der Austausch war sowohl für Aias als auch für Hektor
ein unbeabsichtigter aufgeschobener Mord. Vor dem
durchbohrten Leib seines Halbbruders kann Teukros die
ganze Geschichte des unheilvollen Austauschs wieder-
erzählen:

> *. . . Siehst du, wie zuletzt*
> *Dich Hektor noch im Tod getötet hat?*

---

ihrer leuchtet das Schwert des Aias in seinem finsteren
Glanz. Mit ihm verbindet sich die Schande, zweiter zu
sein, und die Schmach des Viehmordens. Die Waffen
des Achill finden ihren Gegenwert weniger in den Ver-
diensten des bevorzugten Kandidaten als im unheilvollen Geschick des Übergangenen. Der Wahnsinn des
Aias sagt aus, welchen Wert die Waffen des Achill
haben. Er bestimmt ihren Preis.

Bedenkt doch, bei den Göttern, beider Los:
Mit diesem Gurt, den er von ihm empfing,
Ward Hektor an den Wagenkranz geschnürt
Und aufgerieben, bis die Seele floh.
Und Aias nahm von Hektor das Geschenk,
Durch das er unterging im Todessturz.

Der Bogenschütze Teukros nimmt sich des Sohnes an,
den Aias von der Gefangenen Tekmessa bekam; diesem
Sohn fiel der segensreiche Teil der Waffen des toten Helden zu: der große Schild. Der Sohn heißt Eurysakes, er
trägt den selben Namen wie der Schild. Wie kann die
Trennung zwischen einem sterblichen Geschenk und
einem Lebenserbe besser dargestellt werden? Der Schild
wird das junge, allen Gefahren ausgesetzte Wesen
schützen. Als Aias von seinem Sohne Abschied nimmt,
drücken seine Worte die Beziehung zwischen Menschen-
und Waffengeschick aus:

Den Breitschild, Kind, der dir den Namen gab,
Aus sieben Häuten, unzerreißbar, nimm
Und schwing ihn an dem stark genähten Griff.
Die andern Waffen legt mir in das Grab.

Mit dieser Verfügung über seine Ausrüstung zeigt Aias
eine gewisse Beherrschung. Aber diese Selbstbeherr-
schung übt er erst in den letzten Augenblicken seines
Lebens aus. Vor ein paar Stunden noch verfügte sein
Schwert über ihn und warf ihn in die Nacht der Schande.
    Aber ist es nicht eigentlich der Wille der Götter, der

sich anhand der unheilstiftenden Waffe offenbart? Teukros ist davon überzeugt. Der verhängnisvolle Gegenstand ist der Vollstrecker der göttlichen Feindseligkeit: die göttliche Hand hat ihn zum Todeswerkzeug gemacht:

Erinys schmiedete das Todesschwert,
Den Gürtel wirkte Hades' grause Kunst.
Und nicht nur dieses, jedes solche Werk
Wird durch der Götter Künste ausgedacht.

Eine schwerwiegende Behauptung, die Aias gleichzeitig aller Schuld entlädt. Teukros sieht in ihm das von der Boshaftigkeit der Unheilsdinge und dem Zorn der Götter verfolgte Opfer. Die Verblendung, der Mordwahn sind ihm von einer stärkeren Macht aufgezwungen worden. Der auf Ritual und Läuterung bedachte Teukros will Aias von seinem Fehl befreien und eine unabwendbare Ursache finden. Gewiß, insoweit jedes Leben vom Willen der Götter abhängt, hat Aias nichts getan, was nicht von ihnen angestiftet wurde.

Aber wenn es so wäre, hätte Aias sich nicht töten müssen: er hätte sich in sein Schicksal ergeben wie der Herakles des Euripides, dessen Wahn ganz und gar das Werk göttlicher Böswilligkeit gewesen ist. Mit seiner selbstmörderischen Tat gibt Aias zu, daß die Schmach die *seine* ist und daß er *seine* Verantwortung anerkennt.

Unterziehen wir die drei Phasen, die Aias zum Selbstmord führten, einer näheren Betrachtung.

Die abgewendeten Schläge

Der erste Schritt ist die vom Stolz diktierte Absonderung, der Bruch aus dem mitmenschlichen Bündnis. Es ist der Augenblick des willentlichen Aufruhrs, der noch klar bewußten Wut (die allerdings in bezug auf Regel und Gesetz bereits maßlos ist), des voll vorbedachten Mordplans. Sophokles deutet an, daß Aias seinen Racheakt vorbereitet hat. Tekmessa erzählt:

> *In tiefster Nacht, die Fackeln waren schon*
> *Erloschen, suchte er sein scharfes Schwert*
> *Und schlich sich einsam zu den Toren hin.*
> *Ich fuhr ihn an und rief: »Aias! Wohin?*
> *Du stürmst zum Angriff, ohne jeden Ruf*
> *Der Boten, ohne der Trompete Schall?*
> *Im tiefen Schlummer liegt das ganze Heer!«*
> *Er speist mich mit den alten Sprüchen ab:*
> *»Sei still, Frau! Schweigen ist des Weibes Zier!«*
> *So schwieg ich denn, er stürmte fort, allein.*

Die Schilderung des nächtlichen Sichdavonschleichens ist von bewundernswerter Anschaulichkeit. Die Stille der Nacht bedeckt das Lager. Kein gemeinsames Werk, kein mit anderen geplantes Unternehmen gibt diesem plötzlichen Aufbruch einen Sinn; kein Zeichen, kein Signal läßt ahnen, daß er sich etwa einem gemeinsamen Vorhaben der Krieger anschließe. Aias hört nur auf sich selbst und erklärt sich niemandem. Er gebietet seinem Weib, zu schweigen, bricht die menschliche Beziehung des Gesprächs ab und begibt sich in die Welt der Gewalt.

Die einsame Wut, die nur die Nacht zum Zeugen hat, wird sich in rasenden Wahn verwandeln. Der Übergang zur Verblendung – die zweite Phase der Aias-Passion – zeichnet sich so deutlich als Verlängerung der anfänglichen Rebellion ab, erweist sich so offensichtlich als die Folge des nächtlichen Sichdavonschleichens, daß wir eigentlich auf den Hinweis, Athena sei die Ursache, verzichten könnten. Haben wir nicht das Gefühl, das geheime Gesetz der einsamen Rebellion zwinge sie, in den Abgrund des Absurden zu stürzen? Läßt sich das beleidigte Einzelwesen nicht von dem Augenblick an, da es sich von der Gemeinschaft und ihrer Ordnung ausschließt, in zügellose Verwirrung treiben, und bezeugt da das Hinschlachten des Viehs nicht die innere Notwendigkeit, die die Gewalt vom menschlichen Niveau auf das des Tieres überträgt und sich damit in jene dunklen Regionen begibt, wo sie sich völlig umsonst verausgabt? Der Stierkampf ohne Regel und Ruhm, die Fiesta des Chaos, in der der wahnsinnige Held herumtobt, ist das Abbild des Verfalls, dem die Kraft notgedrungen unterliegt, wenn sie von allen sozialen Bindungen, das heißt von allen »repressiven« Regeln befreit, die die Humanität des Menschen ausmachen. Die Notwendigkeit dieses Abglitts in die tierische Raserei hätte sich doch wohl auch ganz autonom, als eine unabwendbare und ganz menschliche Folge der Verirrung des Aias vollziehen können. Sophokles jedoch läßt sie als das Werk der Athena erscheinen: sie ist es, die den rasenden Helden verspottet; sie läßt sich als die oberste wirkende Kraft erkennen, deren strafendes Urteil sich erfüllt.

Zunächst hat Athena eine Rechnung zu begleichen mit dem, der im Kampf ihre angebotene Hilfe verschmähte. Die Worte des Kalchas:

Und jener war schon unvernünftig, als
Er aufbrach und der weise Vater ihn
Verwarnte und ihm sagte: »Kind, du sollst
Viel Sieg begehren, keinen ohne Gott.«
Da prahlte er in seinem Unverstand:
»Mein Vater, mit den Göttern holt den Sieg,
Wer selbst nichts taugt, doch ich getraue mir,
Den höchsten Ruhm zu ernten ohne sie.«
So rief er frech, und als ein andermal
Athena selbst ihn antrieb, seine Hand
Zu röten mit dem Blut der Feinde, gab
Als Antwort er ein ungeheures Wort:
»O Herrin, steh den andern Griechen bei!
Wo Aias steht, da bricht der Feind nicht durch!«
So sprach er über Menschenmaß und zog
Der Göttin schwerste Strafe auf sein Haupt.

Aias wollte keinen göttlichen Beistand [11]. Er wollte in eine Höhe hinauf, die den Sterblichen nicht zugänglich

---

[11] Eine moderne Lesart ist durchaus möglich, aber sie muß zwangsläufig zu groben Verzerrungen führen: »In der Geste, mit der Aias die Göttin Athena abweist, würde man heute weniger sträflichen Stolz sehen als Wagemut, Entschlossenheit, das Hindernis zu überwältigen, allein zu kämpfen und zu handeln – also ein Zeichen von Tapferkeit. Vielleicht würde man in diesem Beispiel jene ständige Besorgnis um die anderen vermissen,

ist. Das Umstandswort »hupsicompôs« (Vers 766) – in hochmütigem Ton, von schreiender Eitelkeit – drückt bildlich den Höhentaumel aus. In der Schlacht darf niemand sich unverwundbar glauben. Die Überheblichkeit des Aias (wo seine Gedanken »über Menschenmaß« gehen) ist seine Weigerung, dem Risiko und dem Zufall – also gerade dem Anteil der Götter – ihren Platz einzuräumen. Athena hat in ihrem Groll und ihrem Zorn die günstige Stunde der Strafe abgewartet. Es ist die Stunde, in der sie sich an Aias rächen und gleichzeitig Odysseus und die Atriden beschützen kann. Sie hat erst im letzten Augenblick eingegriffen, als Aias bereits »ins Zelt der beiden Feldherrn« (Vers 49) eintrat. Ohne sie wären sie den Schlägen ihres Feindes erlegen.

Aias wollte nichts von göttlichem Eingreifen wissen, als es sich ihm hilfsbereit anbot: Jetzt muß er es in seinem vernichtenden Zorn über sich ergehen lassen. Als Helferin ist Athena abgewiesen worden; jetzt kann sie nur noch ihr Schreckensgesicht und ihre Zerstörungsmacht zeigen. Die beleidigten Götter haben – weil sie

die für den heutigen Humanismus so charakteristisch ist, jener Gesellschaftsmoral, bei der die Liebe zur Menschheit die Liebe zu Gott verdrängt hat und die der Gedankenwelt der Antike so fremd ist. Jedenfalls aber würde man einer Tat, die dem Menschen seine wahre Größe, seinen Wert, Gewicht und einen Sinn verleiht, Beifall spenden. (Simone Fraisse, »Aias ou l'honneur de l'homme«, *Esprit,* 1963, S. 878–889.)

Götter sind – das Recht auf eine Rache, die kein gewöhnlicher Sterblicher je ausüben dürfte.

Athena stürzt Aias ins Verderben, aber sie rettet damit Odysseus. Zu Beginn der Tragödie spielt sich eine außergewöhnliche Jagdszene ab. Aias glaubt in seinem Wahn, Odysseus gefangen zu haben: was aber in seinem Zelt gefesselt vor ihm liegt, von ihm beschimpft und geschlagen wird, ist ein Rind. Der wirkliche Odysseus jedoch folgt den Fußspuren, die Aias hinterlassen hat: die aus dem Zelt führenden Spuren vermag er noch zu erkennen, nicht aber die der Rückkehr, als der wahnsinnige Krieger seine Tierbeute heranschleppte:

> ... und schleunigst warf ich mich
> Auf eine Spur, die mich oft klar belehrt,
> Mich oft verwirrt und ganz im Dunkeln läßt.

Odysseus wird seinerseits mit einem Tier verglichen; die Göttin sagt zu ihm:

> Wie die Spartanerhündin leitet dich
> Die scharfe Witterung zum rechten Ziel.
> ...
> Ich sah's, Odysseus, und ich stellte mich
> Als guter Wächter hinter deine Jagd.

Während die Augen des Aias verblendet sind, wird Odysseus zur Wahrheit geleitet; er ist schon nahe daran, seine wahre Beute zu finden: bald wird ihm das Vorrecht zuteil, sehen zu können, ohne gesehen zu werden. Athena hat diese Jagd geführt: sie hat das Wild in die Falle gelockt:

Und höher schürte ich den Taumel an,
Warf enger noch des Wahnsinns Netz um ihn,

ein grausames Spiel gespielt und wünscht sich gar noch
Beifallsgelächter: sie fordert Odysseus dazu mit den
Worten auf: »Wer seines Feindes lacht, hat gut gelacht.«
Die doppelte Macht der Athena – Verderb und Rettung – offenbart sich hauptsächlich durch Handlungen,
die das Sehen und das Erkennen beeinflussen. Das wird
vor allem in den Worten des Prologos deutlich. Die
Göttin belehrt Odysseus (»Und höre Antwort einer
Wissenden«) und befiehlt ihm, zu schauen und das Ge-
sehene weiterzuberichten: »Leibhaftig zeig (deixô) ich
dir den tollen Wahn (periphanè noson), dann künde den
Argiviern, was du sahst.« Das Schauspiel ist entsetz-
lich, aber es ist die »anschauliche« Darstellung einer le-
benswichtigen Lehre: »Begreifst du jetzt der Götter ganze
Macht?« und »Nun da du dies geschaut, so wag auch
du vor Göttern nie ein überheblich Wort.« Die Göttin
erfüllt ihrem Schützling gegenüber eine »deiktische«
Funktion.

Für den jedoch, den sie entehren und verderben will,
wendet Athena alle Kunstgriffe an, um sein Sehver-
mögen zu stören: sie täuscht (»Ich stellte falsche Bilder
vor sein Aug«), bannt (». . . Ich wende seiner Augen
Strahl zur Seite, daß er dich nicht sehen kann«) seinen
Blick, sie lenkt seine Schläge ab (»Und wandte so die
frevelhafte Lust hin zu den Herden . . .«), sie macht sich
ihm sichtbar, läßt ihn aber den neben ihr stehenden
Odysseus nicht erkennen (»Er sieht dich nicht, auch wenn

du vor ihm stehst« und »Ich senke Dunkel auf den hellsten Blick«); als Aias aus seinem Zelte tritt, gibt sie sich als seine Beschützerin aus, bedrängt ihn mit Fragen, aber nur, damit er seine Tollheit besser zur Schau stellt und ihr seine Wahnvorstellung erzählt, daß er seine Feinde erschlagen oder gefangengenommen habe. Jetzt bedient sie sich eines neuen Schlichs und bittet ihn, Odysseus zu verschonen, d. h. das am Zeltmast festgeschnürte Tier, das er mit Peitschenhieben bearbeitet. Wieder zeigt Aias sich unzugänglich; er will der Göttin nicht nachgeben:

Athena, alles sei nach deinem Wunsch,
Doch dieses Mannes Strafe ist bestimmt.

Mit diesen Worten *enthüllt* Aias seinen Stolz in überheblichster Art und unterstreicht damit im Gegensatz die Menschlichkeit seines Feindes Odysseus, der ihn bemitleidet und die Grenzen sterblichen Strebens erkannt hat. Für den, der zu verstehen sucht – für uns, die Zuschauer –, ist Athena die Offenbarerin; sie ist die Beweisführerin [12]. In dieser Hinsicht kann das Eingreifen Athenas – so unangebracht auch die Anspielung auf das stark vereinfachte Bild der Athena als »Göttin der Vernunft« sein mag – als das einer höheren Vernunft betrachtet werden: denn die Vernunft verlangt, daß das

---

[12] Der beweisführende Aspekt im Aias-Prolog wurde von Karl Reinhardt in seinem »Sophokles« (Frankfurt, 3. Auflage 1947, Seiten 18 ff.) in bemerkenswerter Weise unterstrichen.

Universalgesetz sich enthüllt, selbst wenn dieses Gesetz den Triumph des Wahnsinns in einem rebellischen Bewußtsein unvermeidlich herbeiführt, selbst wenn es die Revolte zur Tobsucht werden läßt und die moralische Maßlosigkeit des Stolzes in blutige Raserei verwandelt. Hatte Aias nicht seine erste Übertreibung begangen, als er sich allein mit Gewalt sein Recht zu verschaffen suchte? Und drückt der schlußendliche mörderische Wahn nicht bildhaft das Unmenschlich-Bestialische aus, das der Rebellion von Anfang an innewohnte? Athena bestimmt das Sichtbarwerden der letzten Wahrheit in der Rebellion, indem sie die aktive Gewalt in passiven Wahnsinn – in den Krankheitszustand – abgleiten läßt. Der Kriegsheld hatte sich in der Finsternis auf die Jagd begeben; Athena verdichtet die Finsternis, sie senkt das Dunkel auf seinen Blick, sie stellt falsche Bilder vor sein Auge. Sie treibt ihn in die äußerste Situation, in der der Jäger zum Gejagten wird.

Dem Wahn des Aias liegt eine doppelte Ursache zugrunde. Der »materielle Anstoß« geht voll und ganz vom Zorn (cholos) des seiner geforderten Ehrung beraubten Kriegers aus. Der Grimm, die Wut, die Blutgier hatten sich schon in das Herz des Aias gefressen, bevor er der »Krankheit« verfiel, und sie kommt nicht durch das Auftreten eines neuen psychischen Zustands oder einen Zuwachs an zerstörerischer Energie zum Ausbruch, sondern entsteht durch die Abwendung der tödlichen Schläge von ihrem Ziel. Der Wahn entwickelt sich durch das Zusammenwirken einer natürlichen leidenschaftlichen Wut (eines *Pathos*) und einer göttlichen Täuschung – einer »Irreführung«, die die begonnene Tat vom geplanten Ziel ablenkt. Das Abwenden *(apeirgein, ektrepein)* ist die wichtige, die maßgebende Geste, auf die beständig hingewiesen wird [13].

Zwischen das ursprüngliche Vorhaben des Aias und das tatsächliche Ergebnis läßt Athena Trugbilder und Täuschungen in Erscheinung treten – und der Arm verfehlt sein Opfer. Zu Anfang war der Racheplan nur überheblich; er wird erst im Augenblick zum Wahn, als seine Durchführung auf falsche Bahn gelenkt wird. Athena rettet die Atriden in letzter Minute: sie greift erst ein, als Aias zur letzten Phase seines Plans schreitet; sie gibt ihn der teleologischen Entartung preis, indem sie das erreichte und das erreicht geglaubte Endergebnis voneinander abweichen läßt: in diese Abweichung senkt sich dann auch die Umnachtung, die Passivität und die Krankheit des irregeführten Helden. Athena spricht:

Ich stellte falsche Bilder vor sein Aug
Und wandte so die frevelhafte Lust
Hin zu den Herden, zu dem Beutegut,
Das unverteilt die Hirten hüteten.
Da brach er ein und mähte ringsherum
Hornvieh in Stücke, glaubte, seine Hand
Ermorde nunmehr das Atridenpaar,

---

[13] Bernhard M. W. Knox hat in seinem Essay »The Aias of Sophocles« in »Sophocles, a Collection of Critical Essays«, Hrsg. Thomas Woodard, Prentice Hall, 1966, S. 34, diesem Punkt besondere Bedeutung beigemessen.

Bald den, bald jenen aus dem Feldherrnstab.
Und höher schürte ich den Taumel an,
Warf enger noch des Wahnsinns Netz um ihn.
Und als der größte Sturm vorüber war,
Legt er den letzten Tieren Fesseln an
Und trieb sie herdenweise in sein Zelt,
Als wärens Männer und kein Herdenvieh.
Nun peitscht er drinnen die Gefesselten!

Athena hat sich in ihrem Eingreifen nicht mit der Täuschung am Objekt begnügt: sie hat Aias angestachelt, so wie man ein Tier reizt. Allerdings hat das hier angewandte Verb *otrunein* keinesfalls die Bedeutung eines unabwendlichen gebieterischen Zwangs. Es ist nur ein Zuruf der Ermutigung. Bei einer anderen Gelegenheit, als das stolze Bewußtsein seines eigenen Wertes Aias beherrschte, hat er die mit derselben Vokabel *otrunein* ausgedrückte Aufforderung der Athena nicht angehört. Wiederholen wir: der Zorn entspringt einzig und allein dem *Ethos* des Aias; erst als die Göttin ihm den Blick verhängt, wird sein Unternehmen zur Wahnsinnstat. Durch das Zusammenwirken einer menschlichen und einer göttlichen Kausalität ist der Wahn nicht die Ursache, sondern das Ergebnis des *verdrängten Pathos*.

Wollte man diese Feststellungen im Sinne der beschreibenden Sprachwissenschaft ausdrücken, so würde es heißen, das Täuschungsmanöver der Athena sei auf das Bezugsobjekt der Zornrede gerichtet, im Augenblick, da der Held zur Tat schreitet. Aias trifft nicht die, die er zu treffen wünscht und die er zu treffen glaubt; seine

Wut entlädt sich auf unbedeutende und hilflose Wesen. Man sieht also, daß der Begriff des Bezugsobjekts von maßgebender Bedeutung ist und daß ein Irrtum in dieser Hinsicht in Rechnung fällt. Offenbar bietet uns die Tragödie eine »entpragmatisierte« – gespielte – Darstellung der Wut des Aias; sie verlegt sie nicht nur auf die Theaterbühne, sie zeigt sie auch dort nicht einmal direkt; sie macht sie (in dem Munde des Odysseus, der Athena, der Tekmessa) zum Gegenstand eines dreifachen *a posteriori*-Berichts. Aber gerade in dieser Form der Darstellung erweist sich die schicksalhaft-unheilvolle Rolle des Abstands zwischen der inneren Rede – Aias glaubt, die Feinde getroffen zu haben – und der wirklichen Tat. Die Tragödie nimmt ihren Ausgangspunkt in einem von Leidenschaft diktierten Antrieb, der durch die Abwendung der geplanten Tat in die falsche Richtung zum Scheitern verurteilt ist. Die Mordlust hat sich zwar voll und ganz ausgetobt – aber am falschen Objekt.

Für den griechischen Geist ist das Abirren vom Ziel ein schweres Unglück: es ist eine der wesentlichen Erscheinungen des Wahns. Für viele unserer Zeitgenossen ist dagegen allein die Anstrengung, die Heftigkeit der verausgabten Energie wichtig, und der tatsächlichen äußeren Wirkung fällt kaum mehr eine Bedeutung zu: da gibt es dann keinen Wahn mehr [14]. Diese Gleich-

---

[14] Wenn Montaigne (Essays I, IV) davon spricht, »wie die Seele ihre Leidenschaften auf falsche Gegenstände lenkt, so ihr die wahren fehlen«, deutet er zwar auf einen Begriff des Wahns, rechtfertigt ihn aber: »... Die Seele

gültigkeit gegegenüber dem Widerspruch zwischen Sinnestäuschung und Realität, zwischen verfehltem und erreichtem Ziel findet sich in der heute oft vorgebrachten Theorie einer um »Bezugnahme« unbesorgten Literatur, die sich frei, gemäß dem Hall und Widerhall der Wortklänge, der »Bedeutungen«, entwickeln kann. Eine solche Literatur stellt sich abseits der Welt der Handlung: sie kann weder aus sich heraus handeln, noch kann sie die Probleme des Handelns erhellen.

Durch das Bild vom vertauschten Objekt und der den leidenschaftlichen Energien auferzwungenen schiefen Bahn wird sich wahrscheinlich das Empfinden des Lesers von heute angesprochen fühlen. Gleicht diese Abwendung nicht dem von Freud geprägten Begriff der »Verschiebung«, die er als einen der Traummechanismen analysierte? Die Übereinstimmung läßt sich allerdings nicht aufrechterhalten. Die Freud'sche »Verschiebung« ist zum großen Teil das Werk der Zensur; sie gestattet das Verschweigen des ursprünglichen Wunschobjekts. Das Eingreifen der Athena jedoch entspricht keinem Eingreifen der Zensur, wenn es auch die Objekte verschiebt: Aias ist sich stets dessen voll bewußt, daß er es auf die Atriden und Odysseus abgesehen hat; er erkennt aber nicht, daß

---

gibt sich in ihren Leidenschaften eher einer Selbsttäuschung hin, indem sie sich gegen ihren eigenen Glauben am falschen Subjekt ihrer Phantasie guttut, nur damit sie etwas hat, wogegen sie anrennen kann.« Es bedarf nur eines kleinen Schritts, und das Zurückgreifen auf Ersatzobjekte ist durch die psychische Notwendigkeit gerechtfertigt.

er nur gewöhnliches Vieh hinschlachtet. Er täuscht sich nicht in dem, was er haßt, sondern in dem, was er schließlich erreicht. Hier ist also das ausgetauschte Objekt das Unbewußte und nicht das ursprünglich Angezielte.

Die tödliche Erkenntnis

Das Werk der Athena ist beim Erwachen des Aias aus seinem Wahn nicht abgeschlossen. Der Tag dämmert, das Dunkel hebt sich von den Augen des Helden: er erwacht inmitten des Haufens der von ihm zerstückelten Tiere zum Bewußtsein. Das Durcheinander der Nacht war nur ein Vorspiel zur verzweifelten Klarsicht des Morgens. Aias sieht in voller Genauigkeit die Folgen seiner im Wahn begangenen Tat. Ist er wirklich wieder ganz er selbst? Das Orakel hat erklärt, er sei »an diesem Tage« dem Zorn der Athena ausgesetzt. So lauert die feindselige Macht der Göttin auch in dieser dritten Phase auf dem Leidensweg des Aias – dem Augenblick der scheinbar vollkommenen Hellsichtigkeit – noch im Hintergrund. Wie drückt sie sich aus? Sie greift nicht direkt in die Handlung ein. Aias ist scheinbar wieder Herr seines Geschicks. So fragen wir uns denn, ob der göttliche Zorn nicht die vermutlich selbständigen Gesten des Helden leitet, ob sie sich nicht hinter dem harten Gedanken, der zum Todesurteil gegen sich selbst führt, versteckt und ob sie nicht auch hinter der meisterhaften List steht, die Aias anwendet: es gelingt ihm nur zu gut, die Besorgnis seiner Gefährtin und der Salaminischen Schiffer (den Chor) zu täuschen, und nichts kann ihn mehr davon abhalten, am Gestade den einsamen Selbstmord zu begehen.

Nach dem »Zorn« und dem »Schlachten« ist diese dritte und letzte Phase für Aias der Augenblick des wiedererlangten Bewußtseins.

Tekmessa:

Wie er den Raum da voller Greuel sieht,
Schlägt er sein Haupt, schreit auf und wirft sich hin
Inmitten seiner Tiere Trümmerfeld,
Rauft mit den Nägeln immerzu das Haar.
So saß er lautlos lange, lange Zeit.
Dann droht er mir das Schlimmste, wenn ich nicht
Ihm ganz enthüllte, was geschehen war,
Was ihn befallen. Und ich sagte ihm,
Ihr Freunde, voller Angst, was er getan,
Was er erlitten – wie ich es verstand.
Da stieß er jähe Jammerschreie aus,
Wie ich sie nie aus seinem Mund gehört.
Denn nur dem feigen, unbeherzten Mann
Sprach er zuvor die lauten Klagen zu:
Er selber kannte keinen schrillen Laut,
Nur Zähneknirschen eines grimmen Stiers.
Nun, da er diesem schweren Schlag erlag,
Lehnt er inmitten des erschlagenen Viehs,
Ohn Speis und Trank und reglos, wie er fiel.
Ganz offenkundig plant er schlimme Tat,
So redet er, so seufzt er vor sich hin.

Der aus dem Wahn erwachte Held »knirscht die Zähne
wie ein grimmer Stier«: ein Hinweis auf das Absinken
ins Tierische, auf die Verwandlung, die ihn seinen
Opfern gleichgestellt, ihn seiner Wahnsinnstat ähnlich
gemacht hat.

Jetzt bleibt ihm nur noch die schlimmste Qual: er
muß erwachen und das Ausmaß seiner Schmach erkennen, die vollbrachte Tat ertragen. Für diesen Mann, der
nach den gebieterischen Gesetzen der Kriegerehre gelebt
hat, ist diese Tat ein unauslöschlicher Schandfleck. Jetzt
kann er nichts mehr verbergen. Gestern noch waren sein
Haß und seine Mordpläne niemandem bekannt; heute
werden die zerstückelten Tierleichen seinen Treuebruch,
seinen Verrat, seine rasende Tobsucht, das Scheitern seines Vorhabens ans Tageslicht bringen. Schon stellt Aias
sich das allgemeine Gelächter vor, dem er jetzt ausgesetzt
ist: das Hohngelächter über den besiegten Feind, das Gelächter über den, der sich dem Gesetz der Gemeinschaft
entziehen wollte, das Gelächter, das ihn von Ehre und
Gemeinschaft ausschloß: das Zeichen der schimpflichen
Ausstoßung. Aias:

O sieh den Kühnen, Verwegnen,
Der nicht im heißesten Kampf erschrak,
Nun wehrloser Tiere Besieger!
O Hohngelächter! Wie bin ich entehrt!
. . .
Du Allestäter! Des Bösen
Ewiges Werkzeug, Laertes' Sohn,
Du schmutzigster Streuner des Heeres!
Ich hör dich lachen nach des Herzens Lust.

Allerdings hatte auch Aias sich dem Vergnügen des Ge-
lächters hingegeben, als er Odysseus gefesselt zu haben
glaubte [15]. Jetzt fürchtet er, daß sein eignes Gelächter
über die zufriedengestellte Rache auf ihn zurückschlägt.
Darin liegt wahrlich ein gelungener Effekt tragischer
Ironie: Aias glaubt, daß Odysseus über ihn lacht; er
weiß nicht, daß Odysseus sich geweigert hat, über den
Wahnsinn seines Feindes zu lachen, obwohl Athena ihn
dazu aufgefordert hat. Als die Göttin ihrem Schützling
den irren Helden zum Schauspiel bot, hatte sie grausam
erklärt: »Wer seines Feindes lacht, hat gut gelacht.«
Odysseus jedoch ist zunächst vor dem unerträglichen
Anblick von Entsetzen gepackt und findet dann Worte
des Erbarmens und der Demut:

Nie sah sie solchen. Ich beklag ihn tief
Im tiefsten Elend, ist er auch mein Feind,
Da er in solches böses Los verstrickt,
Und seh in seinem Bild mein eigenes.
Denn daß wir Sterblichen nur Bilder sind
Und leere Schatten, hab ich jetzt erkannt.

Der Hauptfeind des Aias verweigert sich die Genugtuung des Lachens, er ist von Mitleid ergriffen: er nämlich erkennt in diesem Ereignis den furchtbaren Schlag
des Schicksals, der Fatalität, der »até«, vor dem auch ihn
nichts bewahren kann. Aias weiß zwar sehr wohl, daß

---

[15] Das Aiasgelächter (Aiacis risus) wurde zum sprichwört-
lichen Ausdruck kurzlebigen Wahntriumphs.

Athena ihn betrogen hat [16], aber die Schuld der Göttin enthebt ihn nicht seiner eigenen Verantwortung. Auf keinen Fall darf er sich als nichtschuldig betrachten, auch wenn er das Spielzeug einer höheren Macht gewesen ist. Eine solche Einstellung muß den heutigen Leser überraschen, denn er ist daran gewohnt, den Wahnsinn und selbst die Neurose als schuldenthebend zu betrachten: ein Mensch, dessen eigener Wille einem entfremdenden Zwang ausgesetzt ist, erscheint uns für seine Taten nicht mehr zurechnungsfähig. Der Krankheitszustand ist in diesem Sinne eine Freiheitsberaubung, und wir schreiben dem Kausalmechanismus – dem Mechanismus, der das Einzelwesen seiner Schuld »entfremdet« – die Untaten zu, für die der erkrankte Mensch nicht länger einstehen muß. Dieser Rechtfertigungsweg scheint für Sophokles und seine Protagonisten nicht zu existieren. Oedipus hat zwar Wort für Wort die Weissagung des Orakels erfüllt, aber das wäscht ihn durchaus nicht rein vom Makel des Vatermordes und des Inzestes. Aias wurde von Athena verblendet, aber das befreit ihn nicht von der Schande. Nur die begangene Tat zählt. Wer hat sie begangen? An wem? Aus freiem Antrieb? Das sind die einzigen Fragen. Auch wenn der Mensch nicht in voller Kenntnis der Tatsachen gehandelt hat, ist er gezeichnet. Tekmessa:

---

[16] Erste Hauptszene: »Grausam mißhandelt streitbare Tochter des Zeus mich Verlorenen«. »Da hat Zeus' Göttin mit dem Flammenaug, die mächt'ge, als ich schon den Arm erhob, in solchen wilden Wahnsinn mich verstrickt ...«

Zwar ist er bei Sinnen, doch neuer Schmerz,
Blick auf eigenstes Leid,
Leid, das keiner verschuldet,
Schärft ihm furchtbar die Qualen.

Sophokles bleibt dem Grundbegriff treu, der das vollendete Werk mit seinem Ruhm oder seiner Schmach auf den bezieht, der es ausgeführt hat. Wenn auch jede außergewöhnliche Tat ihr übermenschliches Quantum in sich trägt, kann man den Helden deshalb nicht als ein bloßes Spielzeug der ihn lenkenden Kräfte ansehen. So bedeutend die leitende Funktion der Götter und des Schicksals auch sein mag, so muß der Held trotzdem für das ihm vom Schicksal Auferzwungene einstehen. Aias mußte allein für ein Vergehen büßen, an dem ein Zweiter beteiligt, für eine Untat sühnen, deren falsches Ziel ihm auferzwungen war, für die er sich aber mit seiner ganzen Leidenschaftlichkeit eingesetzt hatte. Bei dem nächtlichen Unternehmen des Aias war Athena zwar für die Ableitung in die falsche Richtung verantwortlich, nicht aber für die Gewalttat an sich, nicht für die blutrünstige Raserei, nicht für den Mordplan, die ja schließlich dem Helden allein zuzuschreiben sind. Schon deshalb muß er sich zu seiner Tat bekennen, selbst wenn er sie unbewußt ausgeführt hat. So bedeutend auch das täuschende Eingreifen der Athena gewesen sein mag – Aias hatte sich nun einmal allein aus seinem Zelt begeben und auf den Weg gemacht: und wenn er sich dann beim Morgengrauen vor einem Haufen von Tierleibern – der lächerlichen Karikatur seines Planes – wiederfindet, so entschuldigt ihn nichts vor der unabwendbaren Schmach. Das ist der Punkt, zu dem die Spur seiner Schritte am Gestade hinführt. Gewiß, er war für eine Zeit des klaren Blicks, der Vernunft, beraubt, aber er hat es verdient. Er ist schuldig, sich den Wahn zugezogen zu haben. Die Schande ist unauslöschbar: der stolze Mann, der wilde Jäger hat in der jungfräulichen Göttin, die ihn gejagt und in ihre Netze gezogen hat, einen noch männlicheren Gegner gefunden. Der zum Bewußtsein erwachte Aias weiß, was er Athena schuldig ist; aber er weiß auch, daß seine Anklage gegen sie das entehrende Gelächter nicht aufhalten wird:

> *Da hat Zeus' Göttin mit dem Flammenaug,*
> *Die mächtge, als sich schon den Arm erhob,*
> *In solchen wilden Wahnsinn mit verstrickt,*
> *Daß ich die Hand mit Rinderblut begoß.*
> *Die andern lachen in der Sicherheit,*
> *Ich selber wüte.*

Aias fühlt sich also weniger von einem Unrecht als vom Scheitern seines Anschlags betroffen. Hätte es sich um ein Unrecht gehandelt, so wäre eine Aussprache möglich gewesen: er hätte die boshafte Gottheit mit der wesentlichen Verantwortung belasten können. Aber es handelt sich hier um eine fehlgeschlagene Rache, und von diesem Fehlschlag kann Aias sich nicht befreien.

Das Eingreifen der Athena hat ihn an einer empfindlichen Stelle getroffen: Aias lebte nur für den Waffenruhm; jetzt sind sein Arm, sein Schwert mit Schande bedeckt, mit einer Schande, die seiner Person genauso eng anhaftet, wie es früher die Ehre des Kampfes tat. Der Krieger ist zum Schlächter geworden. Anstatt den Schimpf zu löschen, weil man ihm die Waffen des Achilleus verweigert hatte, ist Aias nun der Lächerlichkeit preisgegeben: Schimpf und Schande haben sich verdoppelt und sind jetzt unauslöschbar. Aias ist über sich selbst bestürzt. Wie konnte er sich für die Dauer einer Nacht so verändert haben – so anders sein, als er zu sein glaubte? Welcher neue Mensch ist aus ihm geworden? Früher war er ein starker Mann gewesen, der sich keine Fragen stellt und der nichts in Frage stellt: ein Soldat, der seine Pflicht tut, der seine Ehre im Schlachtengetümmel erkämpft. Und jetzt beginnt er zu denken: ein schlechtes Zeichen. Er glaubt sich entehrt. »Aias tut, was er nie zuvor tat«, so Kurt von Fritz, »er stellt sich Fragen« [17].

»Was soll ich tun?« (Vers 457) Aias kann nicht still und untätig bleiben. Er sieht sich dem unversöhnlichen Haß der Menschen und Götter ausgesetzt. »Dem ganzen Griechenheer bin ich verhaßt, dem ganzen Troia und dem ganzen Land.« (Vers 458–459) Er hat keinen Verbündeten, keine Unterstützung mehr; und in einer Art von lebendigem Tod, in grollender oder entsagender Untätigkeit weiterzuleben, geht ihm über alle Begriffe: er ist nicht der Mann, der auf einem Misthaufen das

---

[17] Kurt von Fritz »Zur Interpretation des Aias«, in »Antike und moderne Tragödie«, Berlin 1962, Seite 249.

Ende seines Unglücks und des göttlichen Zorns abwartet. Am Gestade Troias herrscht das Gesetz des *Handelns:* jede neu auftretende Situation muß durch entsprechende Taten gemeistert werden. *Was tun?* Aias forscht methodisch alle der Handlung gebotenen Lösungen aus, hält aber starrköpfig an seinem unerschütterlichen Ehren- und Rache-Kodex fest. Im Lichte dieser Werte gibt es keinen Ausweg, keine Handlungsmöglichkeit, die seine Ehre nicht bloßstellt oder ihn nicht zwingt, seinen nachtragenden Groll preiszugeben. Seine ruhig und gelassen kaltblütige und von der Dringlichkeit heroischen Handelns beherrschte Überlegung läßt Aias nicht nur eine unerträgliche Zukunft erkennen, sie zeichnet den Raum der Tragödie ab und bringt ihn zur Feststellung ihres Endes. Auf dem Ufer, an dem sich die Belagerer niedergelassen haben, ist das mit den geschlachteten Tieren angefüllte Zelt des aufrührerischen Kriegers vom Mal der Ausstoßung und der Schande gezeichnet. In der Ferne erhebt sich die feindliche Stadt, deren Einnahme das gemeinsame Ziel der Griechen ist. Hat Aias noch einen Grund, den Kampf fortzusetzen? Bräche er allein zum Angriff auf (dank seiner Kraft könnte er es), würde er nur der Sache derer dienen, die er verabscheut. Soll er sich wieder einschiffen? Nach Salamis zurückkehren? Dann müßte er sich den Blicken der alten Eltern aussetzen: der Gedanke, ehrlos vor ihnen zu erscheinen, ist ihm unerträglich. Troia einerseits ist die verweigerte Zukunft, Salamis und die Gestalt seines Vaters andrerseits stellen das Bild der Vergangenheit dar, zu der eine Rückkehr unmöglich ist:

Laß ich den Schiffsplatz und das Fürstenpaar
Und fahre heimwärts durch des Aigeus Meer?
Mit welchem Aug begegne ich Telamon,
Dem Vater, der den Ruhmeskranz errang?
Wie blickt er auf mich nieder, wenn ich nackt
Und ohne Ehrenpreise vor ihm steht?
Niemals erträg ich's!

Die Gestalt des Telamon, der hier eine besondere Bedeutung zukommt, ruft uns in Erinnerung, daß das
archaische Gebot des Ruhms eng an das väterliche Vorbild gebunden ist. Am allerschmerzlichsten ist es für
Aias, am selben Ort Verachtung geerntet zu haben, wo
sein Vater sich einst ruhmvoll bewährte: er hat in seiner
Pflicht, das väterliche Verdienst fortzusetzen, versagt.
Welches Recht hat er dann noch, zu leben?

Mein Vater kam von diesem Idaland
Als Preisgekrönter seines ganzen Heers
Und brachte seinem Hause stolzen Ruhm.
Doch ich, sein Sohn, kam zwar zum gleichen Ort,
Nach Troia, mit der gleichen starken Kraft
Und wirkte Taten von dem gleichen Rang,
Doch end ich ehrlos von der Griechen Hand.

Der väterliche Palast, Symbol der Kontinuität, ist dem
verschlossen, der in der Generationenfolge die Tradition
der Ehre gebrochen hat. Die makellose Gestalt des
Vaters verwehrt dem schmachbefleckten Sohn die Heimkehr: der Sohn hat sich selbst verworfen, und diese

Schmach kann nur durch den Tod gelöscht werden. Denn jetzt vermag nur noch ein Freitod das Fortbestehen der Familienehre und ihres Heldentums zu retten. Aias' Worte:

> ... *Ich suche eine Tat,*
> *Die meinem alten Vater offenbart,*
> *Daß seiner Art kein feiger Mann entsproß.*
> *Nach langem Leben strebt kein Edler mehr,*
> *wenn sich sein Unglück nicht mehr wenden kann!*
> *Sind das noch Freuden, wenn dich Tag um Tag*
> *Dem Tode nähert und dem Tod entrückt?*
> ...
> *Der Edle lebt in Ehren oder geht*
> *in Ehren ab. Das war mein ganzes Wort.*

Der Selbstmord wird die der Familientradition geschlagene Wunde wieder heilen. Von diesem Augenblick an ist der Entschluß gefaßt, und jetzt muß Aias nur nach einem Weg noch suchen, wie er seinen Plan ausführen kann.

Die Rolle des Vaters und sein Anteil am Selbstmord des Sohnes treten hier klar in Erscheinung – sie gehören zu jener kriegerischen Zivilisation, in der die Dauerhaftigkeit des Familienruhms mehr als alle materiellen Güter zählt. Auch Teukros, Aias' Halbbruder, scheut die Heimkehr nach Salamis, er betrachtet das Bild des Vaters: »Der Mann, dem selbst das Glück kein Lachen abgewinnt ... der altersharte Mann, den jedes Nichts schon in den Harnisch bringt.« Wie viele Selbstmorde stehen unter dem Zwang der erlebten oder eingebildeten Erinnerung an einen Vater, der niemals gelacht hat! Sophokles hat das richtig erfaßt und liefert damit ein Musterbeispiel. Die Psychoanalyse kann hier auch nicht mehr aussagen, als es der Dramatiker tut. Im Gegenteil, wenn Freud den Begriff des Über-Ichs als verinnerlichter elterlicher Instanz, als moralisch schuldbelastender Instanz konstruiert, so erzielt die psychoanalytische Theorie damit auch nicht mehr, als daß sie eine in Vergessenheit geratene, von Sophokles bereits klar formulierte Wahrheit wieder ins Bewußtsein ruft. Der Begriff des Über-Ichs (und der des idealen Ichs) dient dazu, die still vorhandene, nicht eingestandene Gegenwart der väterlichen Autorität in gewissen Mechanismen des inneren Zwangs und der Selbstbestrafung aufzuzeigen. Ist es noch nötig, auf derartige Begriffe zurückzugreifen, wo die gleiche väterliche Autorität ausdrücklich erwähnt und in aller Klarheit offenbart ist? Die in der Tragödie des Sophokles entwickelte Situation ist die *Urform,* von der sich der psychologische Begriff ableitet, um verborgene Verhaltensweisen zu entschlüsseln. Es ist völlig überflüssig, bei Aias ein Über-Ich vorauszusetzen: es hieße, einen Begriff auf das Modell rückanzuwenden, das zu seiner Entstehung beigetragen hat: ein unlogisches Verfahren. Mit anderen Worten: man kann, von Aias ausgehend, das Über-Ich besser verstehen, aber Aias durch das Über-Ich erklären zu wollen, wäre zumindest eine Tautologie. Es genügt, den Text des Sophokles zu lesen, ohne ihm unterbewußte Motivationen hinzufügen zu müssen . . .

Ebenso unsinnig wäre es, in der Rebellion des Aias gegen die griechischen Feldherren ein symbolisches Substitut für die Auflehnung gegen den Vater zu sehen. Die Empörung gegen die Atriden ist ja gerade eine vom Vater befohlene Tat. Das läßt uns die Aussage des Aias offen erkennen: die von Telamon erwartete Vervollkommnung der Ehre hat gewiß dazu beigetragen, daß Aias sich bei der Verteilung der Waffen und des Odysseus' ungerechter Begünstigung zutiefst in seinem Stolz verletzt fühlte. Hinter dem Zorn des Aias gegen die Atriden und Odysseus – so hat man das Gefühl – steht der Zorn des Telamon gegen den unwürdigen Sohn, der ohne Ruhm und Ehrenpreis heimkehren wird. Es gibt nichts im Verhalten des sophokleischen Aias, das mit Hilfe des »Unbewußten« erklärt werden müßte. Keine Lücke in der Kette der Motivationen fordert zur Suche nach irgendwelchen geheimen Impulsen auf: man kann den Entschluß des Aias, sich selbst den Tod zu geben, nicht anders erklären, als er es schon getan hat. Jede Hinzufügung irgendwelcher psychologischer Kausalität wäre in diesem Fall unangebracht. Höchstens könnte man das Verhalten des Aias in der Terminologie heutiger Psychologie – von den sie bestimmenden Begriffen ausgehend – zu charakterisieren versuchen: das wäre dann keine kausale Erklärung mehr, sondern eine Beschreibung, deren Wert auf die bloße Anfügung eines modernen Zusatzes an eine alte Verhaltensform beschränkt ist. Und was sollte man da sagen? Daß Aias die nachödipische Phase der Vateridentifizierung in ihrer übertriebensten, der am wenigsten mit der Selbstbestimmung des Ichs vereinbarenden Form darstellt; man wird weiterhin sagen, daß der Ehrgeiz, sich keinem Tadel auszusetzen, und die Bemühung, dem Vater an Ruhm und Ehre ebenbürtig zu sein, vielleicht auch dem Wunsche entspricht, den Vater zu übertreffen und ihn zu verdrängen – also ein Rest ödipischer Rivalität, die untrennbar mit der Abhängigkeit vom väterlichen Vorbild verbunden ist. Der Sohn opfert sich, um die narzißtische Tyrannis des Vaters zu befriedigen: damit versucht er auf paradoxe Art, über ihn hinauszugehen, ihn zu besiegen. (Hier begibt man sich allerdings in Mutmaßungen, die ebensowenig zu belegen wie zu widerlegen sind.)

Aias wendet sich der Welt der Schatten zu, die er gerade eben verlassen hat. Sie ist der einzige Raum, der ihm noch Zuflucht zu gewähren vermag. Sein Weg hat ihn in die Schatten der Nacht geführt und dann in die des Wahns; im Licht des Tages hat er die Sicht zwar wiedergefunden, aber er weiß sich auch den Blicken der anderen ausgesetzt – und ihrem Spottgelächter. Er schreitet den Schatten des Todes entgegen, wie wenn er in ihnen jene Ekstase wiederzufinden hofft, die er in der Nacht, im Herzen des Wahns, da die Göttin ihn irreführte, gekostet hat: »O Dunkel, mein Licht! O Finsternis, du mein strahlendes Land! So nehmt mich, so nehmt mich als Bürger zu euch! Nicht der Götter und nicht der flüchtigen Menschen Geschlecht bin ich wert mehr zu schauen ... [18]« Der eben noch im Dunkel des Mor-

---

[18] Verse 394–400. Zur Gegenüberstellung von Licht und

dens Verblendete schreitet nun gelassen und ruhig dem Reich der Schatten entgegen. Er begrüßt das »strahlende Land« des Todes, in das ihn sein Entschluß jetzt führen wird. Als er aus seinem Wahn erwachte, hatte der Held einen ungewohnten Abstand von der Welt gewonnen. Nachdem er sich durch seine Rebellion von ihr ausgeschlossen und von seinem Wahn noch weiterhin von ihr abgesondert hatte, tritt er in eine letzte hellwache Erkenntnis ein, die ihn die Welt von außen sehen läßt. Er betrachtet sie und denkt sie als ein Außenstehender, als ein Fremder, mit scheinbar größter Ruhe und Distanz. Er ist nur noch der fast unbeteiligte Zeuge des wechselhaften Schicksals:

Die ungemessene Zeit bringt jedes Ding
Ans Licht und nimmts zurück in ihre Nacht.
. . . Winterlicher Sturm
Weicht vor des Sommers früchtereichem Glanz.
Der finstre Kreis der Nacht entflieht und gibt
Sein Reich dem Lichtgespann des Helios.
Gestöhn der wilden Stürme weicht
Der Meeresstille. Allgewaltger Schlaf
Löst, was er bindet, hält nicht ewig fest.

Aias erkennt die universale Unbeständigkeit, den unausbleiblichen Wechsel; er, der seinen eigenen Wert für

---

Dunkel s. H. Musurillo, »The Light and the Darkness, Studies in the dramatic poetry of Sophocles«, Leyden 1967, insbes. S. 9–27.

unabänderlich gehalten hatte, lernt am eigenen Leibe eine Wahrheit, die Athena am Ende ihres Prologs verkündet hatte: »So wie der Tag hinabführt und hinauf, sind Menschendinge.«

Aber genügt es, diese Zerbrechlichkeit, diese Wechselhaftigkeit aller Dinge klar zu erkennen, um sie auch hinzunehmen? Hat Aias auf die ruhmreiche Fortdauer, auf die Stetigkeit der Familienehre verzichtet? Keinesfalls. Die tragische Zerrissenheit ist ja gerade das Zusammenwirken der neu erworbenen Erkenntnis und der Unmöglichkeit, auf die alte Forderung zu verzichten. Solche Zerrissenheit kann nur der Tod überwinden. Sterben, das heißt, dem Gesetz des Wechsels zu gehorchen und gleichzeitig den Fortbestand der Familientradition, der Ehre und der Tapferkeit zu sichern. Nachdem Aias sich zu diesem Ausweg einmal entschieden hat, kann ihn weder das inständige Flehen seiner Frau noch die Gegenwart seines unschuldigen Kindes davon abbringen. Der Zorn des Telamon – die Unwandelbarkeit heischende Stimme – wappnet den Todesentschluß.

Aias hat auch gelernt, daß das Glück mit dem Nicht-Wissen, mit der Unwissenheit eng verbunden ist, mit all dem, was er selbst vor kurzem erst verlassen hat:

Doch hast du heute eins vor mir voraus:
Daß du von diesen Greueln nichts gewahrst.
In der Erkenntnis liegt kein höchstes Glück,
Du lernst noch früh die Freude und den Schmerz.

Für Aias bedeutet das Wissen wieder ein neues, aber nun endgültiges »Verlassen« seines Zeltes. Dieses Mal findet es bei hellem Tage statt, bei strahlender Sonne, aber das Wissen hat den Tod zu seinem unmittelbaren Ziel gewählt, und jetzt kann es sich noch einmal dem abgelaufenen Leben zuwenden und es vom bereits beschlossenen Ende her betrachten.

Aias hat seinen Sohn Eurysakes nicht zu sich bringen lassen, um pathetischen Abschied von ihm zu nehmen: vor allem will er ihm die Aufgabe anvertrauen, die Familientugenden fortzusetzen. Seine Worte an ihn:

> *Wenn du gereift bist, zeig den Feinden hier,*
> *Aus welcher Wurzel welche Art erwächst.*
> *. . .*
>
> *Den Breitschild, Kind, der dir den Namen gab,*
> *Aus sieben Häuten, unzerreißbar, nimm*
> *Und schwing ihn an dem starkgenähten Griff.*

Die Gabe des Schildes ist, wie man weiß, ein sinnbildliches Vermächtnis. Eurysakes wird die gesegnete Waffe besitzen, während Aias das verfluchte Schwert »mit sich begraben« wird. So sichert Aias mit schneidendster Logik der kriegerischen Ehre einen Fortbestand, den sein Wahn für einen Augenblick lang unterbrochen hatte: die Übereignung des legendären Schildes an den Sohn, der bereits seinen Namen trägt, stellt die erschütterte Ehre für die Nachkommenschaft wieder her. Der Knabe wird (von Teukros geführt) in das Heim der Ahnen wieder zurückkehren. Aias kann nun ohne Reue verschwinden.

Mit erstaunlicher Sicherheit und doppelsinnigen Worten gelingt es Aias, die Wachsamkeit derer zu täuschen, die ihn zurückhalten wollen. Die »Täuschungstirade« [19] des Aias ist schon oft kommentiert worden. Seit der Romantik, als man dem Verständnis für den subjektiven Zustand des Helden die größte Bedeutung beimaß, ist viel darüber geredet und geschrieben worden: einige sahen darin einen Hinweis auf eine kurze Gesundung aus seiner »Krankheit«, andere eine List, einer großen Seele unwürdig usw. Wahrscheinlich ist es jedoch gar nicht so wichtig, aus dieser Tirade durchaus den mutmaßlichen Geisteszustand des Sprechers festzustellen. Man muß vielmehr genau das Verhältnis von Absicht und Wirkung aufeinanderhin bemessen, und die Wirkung ist dem Angesprochenen zweifellos erkenntlich. Wenn diese Rede einen »Doppelsinn« enthält, so richtet sie sich ja auch an eine doppelte Zuhörerschaft: einerseits sind es die Personen, an die sich Aias richtet: Tekmessa, die Schiffsleute, und deren Sicht ist be-

---

[19] Zweite Hauptszene: Zu den Auseinandersetzungen bzgl. dieser Rede s. K. von Fritz, op. cit. Die Diskussion geht auf eine Arbeit von G. Welcker zurück (»Über den Aias des Sophokles«, Rheinisches Museum, 1829, wiedererschienen in »Kleine Schriften« II 1845, S. 264 ff.) und auf Connop Thirlwall (»On the Irony of Sophocles«, The Philological Museum, II, 1833, S. 483 bis 536). Vgl. auch Ernst Behler, »Klassische Ironie, Romantische Ironie, Tragische Ironie. Zum Ursprung dieser Begriffe«, Darmstadt 1972, und R. Dreyfus, S. 1227 bis 1228.

schränkt, und ihr Geist ist von der unmittelbaren, vordergründigen Bedeutung der Worte befangen; andererseits ist es der Zuschauer, der bereits weiß, was geschehen wird und der den vollen Sinn erfaßt. Gewiß, die Worte des Aias können Anlaß zu einem Mißverständnis geben, aber der Zuschauer steht über diesem Mißverständnis. Aias unterbricht sich im geeigneten Augenblick, um von seiner Umgebung nicht verstanden zu werden, aber er sagt genug, um uns sein Vorhaben begreiflich zu machen: »So geh ich denn ... und wasche die Befleckung ab ... und find ich einen unbetretnen Ort, vergrab ich dieses ganz verhaßte Schwert ... Dies wird sich alles fügen. Gehe du hinein und flehe zu den Göttern, daß sie ganz erfüllen, was mein Herz begehrt ... Ich gehe jetzt, wohin ich gehen muß ... Bald habt ihr erkannt, daß ich von allem Leid genesen bin.« [20] Der Chor begrüßt »das strahlende Licht des hellen Tages«, als Aias sich in Wirklichkeit schon der finsteren Höllennacht des Todes zugewandt hat, weil er weiß, daß das Schwert nur seine Wunde heilen kann. Der Chor sieht in der von Aias verkündeten Genesung lediglich die bei gewöhnlichen Menschen in einem solchen Fall zu erwartende »Besserung«, während Aias seine Worte in ihrem heroischen

---

[20] Ein Artikel von Martin Sicherl (Hermes, XCVIII, 1970, S. 14–37, »Die Tragik des Aias«) deutet seinen Selbstmord als einen Opferakt, durch den der Held sich läutert. Die Rede des Aias ist ohne Lüge, wenn er seinen Willen, sich zu fügen, kundtut. Der Chor jedoch versteht das nicht und glaubt an einen glücklichen Ausgang.

Sinne meint. Der Chor glaubt, daß das Schwert voll und ganz begraben wird; er ahnt nicht, daß es in den Boden gepflanzt wird . . . nur bis zum Griff.

Aias hat sich jeglicher Überwachung entziehen können. Wir finden ihn allein am Gestade, von da er nie zurückkehren wird:

> *Der Schlächter steht, wie er am tiefsten wohl*
> *Mich trifft – wenn hier zum Prüfen noch die Zeit.*
> *Von meinem schlimmsten Gastfreund ward er mir*
> *Geschenkt, von Hektor, den mein Auge haßt.*
> *In Troias Feindesboden steckt er fest,*
> *Vom Wetzstein neu benagt und scharf gemacht.*
> *Mit aller Sorgfalt hab ich ihn gepflanzt,*
> *So daß er mir zum schnellen Tod verhilft.*
> *Nun sind wir wohl bestellt.*

Hektors Schwert, der troianische Boden, der Wetzstein – all das gewinnt in den Worten des Aias den Ausdruck höchster Aggressivität, erbittertster Feindseligkeit.

Der Abschied des Aias ist von wunderbarer Größe. Es sind die Worte eines Mannes, der die Welt um sich herum, die einst seine Welt gewesen, betrachtet und seinen eigenen Platz in ihr nicht wiederfindet. Damit diese Welt weiterhin die der kriegerischen Ehre bleibe, muß der von der Schande einer grotesken Metzelei entehrte Krieger untergehen. Der freiwillige Tod löst den unerträglichen Mißklang auf und stellt die Harmonie ewigwährender Ehre wieder her. Bevor er dem Sonnenlicht und der Landschaft (Salamis und den troianischen

Fluren, der »heiligen Flur«, als dem Sitz seiner Väter und dem Schlachtfeld) einen letzten Gruß entbietet, wendet sich Aias an die Götter. Keineswegs an die, die ihn noch erretten könnten: denn es gibt keine Rettung mehr. Er richtet sich an jene Götter, die sein Geschick nach seinem Tode lenken werden: an Zeus, an Hermes als den »Totenführer«. Aber auch die Erinnyen ruft er auf zur Rache an den Atriden. Er stirbt unversöhnt, sein Haß widersteht dem Gesetz des Wechsels, er hat mit seinen Feinden keinen Frieden geschlossen: im Gegenteil, er wünscht, daß sein Leichnam ihnen zum Verhängnis werde. Das ganze Heer soll für seinen Tod büßen (»Schont keinen, trinkt vom Blut des ganzen Heeres!«). Wie die meisten egozentrischen Selbstmörder hofft er mit seinem Tod die ihm so verhaßten Feinde zu bestrafen und zu vernichten [21].

Im letzten Augenblick, bevor er sich in den Tod stürzt, begrüßt Aias »zum letzten Mal und niemals wiederum« die »hellen Strahlen dieses Tages« . . . Es ist ein Augenblick klarsten Bewußtseins, und doch nimmt gerade in ihm der Held stolzen Abschied vom Licht. Ist dieses klare Bewußtsein – das ihn so sicher in seinen eigenen Untergang geführt hat – wirklich ohne Schatten?

---

[21] S. auch Marie Delcourt »Le suicide par vengeance dans la Grèce ancienne«, Revue de l'histoire des religions, LX, 119, 1939, S. 154–171. Weiteres auch bei C. James, »Whether ›tis nobler . . . Some thoughts on the fate of Sophocles' Aias and Euripides‹ Herakles, with special reference to the question of suicide«, Pegasus, 12, 1969, S. 10–20.

Erinnern wir uns der Worte des Orakels, denken wir an Athenens Zorn, der ihn noch diesen ganzen Tag verfolgen wird.

Das Werk der maßlosen Gewalt, das er mit seinem Angriff auf die frechen Feldherren beginnen wollte, richtet sich zum Schluß gegen ihn selbst. Die Kraftprobe hat sich zu einer Erkenntnisprobe gewandelt. Mit Wut und Rachebegehr hatte alles angefangen, das heißt mit beschränkter Klarsicht. Dann wird des Aias Geist vom Wahn umnebelt. Das Eingreifen der Göttin führt zu einem Irrtum, der schwerer als die Verblendung und vielleicht auch schlimmer noch ist als die Halluzination. In ihm wird der Betroffene auf eine bestimmte Fehlleistung gelenkt: das verhaßte Bild projiziert sich auf unschuldige oder unbedeutende Wesen, die – zum Entsetzen des aus dem Wahn erwachten Helden – an die Stelle der beabsichtigten Opfer getreten sind. Das Erwachen, der Augenblick der erweiterten Erkenntnis ist unvermeidlich, es vollzieht sich vor dem vom kommenden Tod verdunkelten Hintergrund. Das ist die Anagnorese dieser Tragödie: in den Taten, die er begangen, erkennt der Held sich selbst, er wird der Macht der Götter, der Unstetigkeit der Welt gewahr. Diese Offenbarung und diese Erkenntnis sind untrennbar mit der Veränderung verbunden, die den mörderischen Antrieb, der sich unsprünglich gegen die griechischen Heerführer richtete, in einen Selbstmord verwandelt. Diese doppelte Wandlung hätte sich nicht ohne Athenens Anwesenheit vollzogen, denn auf sie war das Unternehmen des Aias gezielt, und von ihr wurde es abgewandt. Athena zeichnet die unabwendbare Bahn vor, die nacheinander in den tierischen Verfall, in die Schmach, dann in die erweiterte Erkenntnis und schließlich in den Tod führt [22]. Nachdem er in den Abgrund der Schande gestoßen und dann auf den einsamen Gipfel der Erkenntnis gelangt ist, hat Aias den Lauf seines Schicksals beschleunigt und dann sich erschöpft: alles, was es über den Zustand der Menschheit zu erfahren gibt, hat er erfahren, sein Geschick ist erfüllt, jetzt kann es nur noch beschlossen werden. Zwischen der rächenden Gewalt der Mordtat und der selbstbestrafenden Gewalt des Selbstmords hat die Zwischenphase des Wahns, die Abdrift in die Raserei eine entscheidende Rolle gespielt: sie hat ihre seltsam vermittelnde Funktion erfüllt, das Dunkel dunkler gemacht, um den Triumph der Erleuchtung zu verstärken. Dieses Licht scheint seine Kraft zugleich aus der strahlenden Sonne des Morgens und aus der scharfen Spitze des Schwertes zu beziehen. Das ebenso »finstere« wie »blinkende«, in den Boden gepflanzte und ins Licht ragende Schwert: es ist der schmale Pfad, der ins Reich der Unterwelt führt, in das nächtige Erebos, wo Aias von nun an sein Licht erblickt. Das Schwert besitzt in seiner Substanz selbst einen Doppelsinn, so wie es ja auch »zweischneidig« ist.

---

[22] Ivan M. Linforth in »Three Scenes in Sophocles' Aias« (University of California Studies in Classical Philology, Band 15, 1945, no 1, S. 20) hat treffend auf diese fortschreitende Erkenntnis hingewiesen.

Der Streit um das Grab

Vor dieser tragischen Nacht hatte Aias stets seine ganze Kraft und Energie im Umkreis des kriegerischen Adels, im Ritual des Kampfes, des Ruhms und der Ehrungen eingesetzt. Die Ungerechtigkeit der Atriden war ihm mehr als eine bloße Schmähung: sie bedeutete für ihn die Ableugnung aller Werte, die seiner Kaste heilig waren. Aias ist zum Verräter geworden, weil er sich nicht nur *sein* Recht, sondern *das* Recht verschaffen wollte. Nachdem er sich aber in der Gewalttätigkeit so weit vorgewagt und alles Maß überschritten hatte, kann er nicht mehr in die Gemeinschaft zurückkehren. In seiner Welt, der Welt, in der er gelebt hat, ist kein Platz mehr für ihn. Er scheidet aus dem Leben, straft die Atriden, stellt die Ordnung, die er gestört hat, wieder her, und vor allem stellt er die Kontinuität des Rufes seiner Familie wieder her, dessen von der Ferne her stets wachsame Verkörperung der Vater ist. Der Selbstmord ist zugleich die Bestätigung der strengen Normen, die Aias nie anzuerkennen versäumt hat, und die endgültige Verbannung, mit der er sich außerhalb aller Ordnung stellt, die Vernichtung der Griechen beschwörend.

Aber eine solche Maßlosigkeit, eine solche Einsamkeit wären dem Athenischen Zuschauer unerträglich gewesen, wenn die Tragödie mit dem Selbstmord des Aias geendet hätte. Die lange Auseinandersetzung zwischen den Überlebenden – Teukros streitet mit Menelaos und Agamemnon, dann erscheint Odysseus als Schiedsrichter – betrifft die Bestattung des Aias: soll er als Rebell und

Verräter auf den Schindanger geworfen oder in Ehren bestattet werden? Teukros fürchtet noch immer das Spottgelächter und die Verachtung der triumphierenden Feinde: den Begräbnisritus vollziehen heißt, den Leichnam vor Schmähungen bewahren ... Im Konflikt stehen sich – wie in *Antigone* – zwei Parteien gegenüber: einerseits jene, die die höchste Gerechtigkeit im Vollzug der von der Familienehre vorgeschriebenen Begräbnisriten sehen, andererseits die Verfechter der Staatsgewalt, die – nicht ohne einen gewissen Anachronismus auf diesem troianischen Gestade – Ordnung und Gesetz respektiert wissen wollen. Nach Ansicht der Feldherren muß der Leichnam des Empörers einer exemplarischen Strafe unterworfen werden, wenn man das Schlimmste verhüten will: die Mißachtung der Autorität. Odysseus appelliert an die Atriden im Namen der menschlichen Schwäche; er weiß, was Aias nicht rechtzeitig eingesehen hat: daß jeder Mensch in den Händen der Götter irren und sich seines beständigsten Wertes begeben kann; daß es in unserem Leben und also auch im Staat nichts Ewiges gibt: »Ich ziehe selber einst den gleichen Weg.« Wenn ein tapferer Krieger gestorben ist, sollten nur noch die »Gesetze der Götter« gelten, eine Gerechtigkeit, die sich auf das Mitleid und nicht auf die Strenge der herrschenden Befehle stützt.

Agamemnon zieht sich zurück, und bald folgt ihm Odysseus: man läßt die Familie und die Salaminer allein die Bestattungsweihe verrichten; das Gebot des Staates tritt zeitweilig zurück, um den fundamentalen Beziehungen zwischen dem Einzelmenschen, seiner Familie und den Göttern Platz zu machen. Das Flehen der Gemahlin und des Kindes hat obsiegt ...

Der Einsatz war bedeutend. Nur eine ausschließlich auf die Leidenschaft des Helden bezogene Ästhetik kann den Teil der Tragödie, der mit der vierten Hauptszene beginnt und mit dem Ausklang endet, als man dem Selbstmörder die »bergende Gruft wölbt«, als schwach empfinden [23]. Die Familiengruppe stellt mit der Zeremonie die Ordnung wieder her. Eine Bresche ist geschlossen. Wasser und Feuer erfüllen ihre geheiligte Funktion: das Universum findet zu seinem Sinn zurück. Die Bestattung gliedert den Helden, der sich hochmütig losgesagt hatte, wieder in die Gemeinschaft ein [24].

---

[23] So urteilt Paul Masqueray (Band I seiner Sophokles-Edition, 1922, S. 10): zur Unterstützung seiner Ansicht führt er eine alte Scholie an. Corneille fand, daß die Handlung mit dem Tod des Aias beendet sei: »So wie es notwendig ist, daß die Handlung vollständig sei, so soll man ihr auch nichts hinzufügen, denn hat sich der Effekt eingestellt, so wünscht der Zuhörer sich nichts weiteres mehr und langweilt sich über den Rest ... Ich weiß nicht, welche Gnade das Streitgespräch des Menelaos mit Teukros um die Beisetzung des Aias, den Sophokles im vierten Akt sterben ließ, bei den Athenern gefunden hat, aber ich weiß wohl, daß der Streit zwischen Aias und Odysseus um die Waffen des Achilleus, nach dem Tod desselben in heutiger Zeit die Ohren sehr ermüdete ... (Théâtre Complet de Corneille, Paris 1950, Bd. I, »Discours du poème dramatique«, S. 16).

[24] J.-C. Kamerbeck weist durchaus richtig darauf hin, daß die Beisetzung des Aias seine Heroisierung bedeutet, »Le Théâtre tragique«, Paris 1962, S. 35).

Denn als Odysseus den Kampf auf Leben und Tod zwischen Teukros und den Atriden verhinderte, erwies er eigentlich dem »Staat« einen Dienst. Wie sollte man im Mitleid, in der Menschlichkeit des Odysseus nicht auch die schlaue Stimme der Gemeinschaft (der Kultur) erkennen, die nicht ruht, bis sie nicht wieder alle die an ihren Busen zurückgeführt hat, die sich ihr einst widersetzt? Die Tragödie versöhnt schließlich Aias mit den Griechen – wenn auch gegen den Willen des Toten. Sie feiert seine schuldhafte Maßlosigkeit, errichtet ihm ein Denkmal in Worten und führt ihn in die Stadt (in eine andere Stadt: Athen) zurück – ihn, der sie ohne Hoffnung auf Rückkehr zu verlassen geglaubt hatte.

Die Wirkung der schwarzen Galle

»Wie aus der Nase und der Wunde schwarzes Blut entströmt.« »Es quillt aus den Adern noch warm die schwärzliche Kraft.« Wollte Sophokles damit andeuten, daß die Tobsucht des Aias und die darauffolgende Niedergeschlagenheit auch von einem Überfluß an schwarzer Galle herrühren könnte? Die Frage läßt sich nicht mit Gewißheit beantworten. Dagegen gibt es keinen Zweifel über die im folgenden Jahrhundert gegebene Interpretation. In den *Problemata* des Aristoteles [25] wird die Schwarzgalligkeit eindeutig als Ur-

[25] XXX, 1. Über das gleiche Thema s. H. Flashar, »Melancholie und Melancholiker in den medizinischen Theorien der Antike«, Berlin, 1966.

sache des Schicksals und der Leiden des Aias sowie auch
der Krankheit des Herakles und der des Bellerophon
hingestellt. Alle drei Helden zeichnen sich – in verschie-
denem Maße – durch Wagemut aus, leiden unter Wut-
zuständen und enden in einer Niedergeschlagenheit, die
zum Tode führt. Für den, der die Verhaltensstörungen
natürlichen Ursachen zuschreibt, hat der Wille der Götter und des Schicksals, wie es der Mythos ausdrückt,
keinen Bestand mehr. Die Melancholie oder Schwarzgalligkeit übt ihren physisch bedingten Zwang aus. Die
Substanz der schwarzen Galle kann schäumend auf-
wallen, aber die dadurch entstandene Hitze kühlt sich
rasch ab. Diese Veränderlichkeit drückt sich beim Melancholiker in einem bald rasenden, bald mutlosen oder
wechselnd stürmischen und trübsinnigen Verhalten aus.
Hier ist es nicht mehr der Zorn einer beleidigten Gottheit, der ihn aufstachelt und in die Irre treibt, sondern
einzig und allein das Gesetz seines Leibes. Der Wahnsinn des Aias ist somit nur noch ein Fall melancholischer
Dyskrasie, in der sich Wut, Geistesverwirrung und
selbstmörderische Verzweiflung den Erwartungen der
medizinischen Erfahrung gemäß einander ablösen. Gewiß bleibt der Charakter des Helden immer noch die
Hauptsache, aber in einem so aufgefaßten *Ethos* ist der
Anteil des persönlich gewählten Verhaltens zweitrangig
gegenüber der physischen Notwendigkeit. Der Held ist
nicht nur für seine melancholische Wesensart unverant-
wortlich; seine Wesensart enthebt ihn auch der moralischen Verantwortung für seine Leidenschaften und
Entschlüsse. Mit anderen Worten: Aias ist kein tra-

gischer Held mehr. Er ist ein Kranker. Deshalb wird er auch bald zum Prototyp des Wahnsinnigen gemacht. Horaz greift in seiner Satire über den Wahn der Welt auf das Beispiel des tobsüchtigen, viehmordenden Aias zurück und demonstriert daran den noch größeren Wahnsinn des Agamemnon, der seine Tochter opfert. Lukian, in seiner »Wahren Geschichte« auf der Insel der Glückseligen gelandet, erzählt, wie er Zeuge des Urteils des Rhadamanthys über Aias gewesen ist. »Es ging darum, zu wissen, ob man ihn in die Gesellschaft der Helden aufnehmen oder ihn ausschließen sollte. Er wurde angeklagt, tobsüchtig geworden und des Selbstmordes schuldig zu sein. Schließlich beschloß Rhadamanthys nach langem Debattieren, man solle ihn einstweilen den Händen des Hippokrates, des Arztes aus Kos, anvertrauen, der ihm einen Nieswurzelsud zu trinken geben würde, und später, wenn er wieder bei Sinnen sei, könne man ihn zur Tafelrunde zulassen.« (Wahre Geschichte, Buch II, 7) Wenn man die Bewußtseinsstörungen als Folge eines materiellen Durcheinanders verstehen soll – eine im Gemüt oder in den tieferen Verborgenheiten des Körpers auftretende Verwirrung –, so gilt das natürlich auch für alle anderen tragischen Helden, deren paroxystische Raserei sich im Objekt vergreift: der Weib und Kind tötende Herakles [26], die den Pentheus zer-

---

[26] Georges Dumézil hat in *Horace et les Curiaces,* Paris 1942, und später in *Heur et malheur du guerrier,* Paris 1969, auf einen indoeuropäischen Mythos des Kriegshelden hingewiesen: die delirierende Entfesselung

reißende Agavea sind nicht mehr von Lyssa oder Dionysos irregeleitet worden, sondern von der schwarzen Galle (wie es die Alten nannten) oder von der Psychose, der Hysterie oder der Epilepsie (wie man es heute nennt).

Der Mythos entfaltet sein breites erzählerisches Band im Raum der Welt; er trägt seine Rede in eine Reihe von Gesten ein, die in bezug auf ihre gegenseitige Äußerlichkeit einander folgen. So kann uns der Mythos als der Erzählungstyp erscheinen, der stärkste Äußerlichkeit mit höchstem Bedeutungsgehalt verbindet: um das zu erreichen, braucht er sich durch keine psychologische »Tiefe« zu rechtfertigen und muß keine komplizierte Konstruktion von Gefühlen und Motivationen *hinter* den Taten des Helden errichten. Der Held offenbart sich voll und ganz im Lichte seiner Taten; er ist eins mit der Bahn seines Schicksals, mit den Prüfungen, Siegen und Niederlagen, die ihm bestimmt sind. Schon deshalb bietet sich der Mythos für eine Unzahl von Interpretationen an, denn er gestattet *a posteriori,* daß man ihm Motivationen anhängt, über Kausalitäten mutmaßt, ihn nach verschiedenen psychologischen Auffassungen deutet, Symbole entdeckt oder ihn allegorisch betrachtet.

Der *Aias* des Sophokles beginnt in dem Augenblick,

(mania) zeigt die dem Kriegergeist *(menos)* innewohnende Gefahr. S. auch den Artikel von P. Pachet *Le bâtard monstrueux,* Poétique, n. 12, 1972, S. 531–543. S. auch den Vers 1413 des Aias: »Es quillt aus den Adern . . . die schwärzliche Kraft« *(menos).*

als ein großer Teil der eigentlichen mythologischen Handlung bereits abgelaufen ist: der Streit um die Waffen, die Empörung, der nächtliche Aufbruch, das Niedermetzeln der Tiere gehören der unmittelbaren Vergangenheit an. Die Untaten der Nacht haben sich nach dem Gesetz des Mythos vollzogen: die Notwendigkeit ihrer schicksalsgemäßen Folge hat sie in Bewegung gesetzt, so berichten die Zeugen aus ihrem Gedächtnis. Wir werden in der Tragödie durch Erzählungen über die Ereignisse in Kenntnis gesetzt: die zu Beginn die Szene beherrschende Göttin hat Aias gerade in ihr Netz verstrickt: in kraftvoller Rede berichtet sie von ihrer Jagd. Die vollendete Tat hat ihre Spuren am Meeresufer schon abgezeichnet, als sie in der Schilderung Athenas und Tekmessas vor uns wieder ersteht. Jetzt ist der Held vom Nebel des Wahns befreit und muß den Gedanken dort wieder aufnehmen, wo die gedankenlose Tat, das blinde Handeln, die vom Zwang der Voraussagung bestimmte Geste bereits hinter ihm steht. Als Aias zur Besinnung erwacht, hat sich der Bruch zwischen der von ruhmreichen Leistungen gekennzeichneten Vergangenheit und der dem Hohngelächter und der Schande preisgegebenen Gegenwart vollzogen. Und an diesem Morgen bleibt ihm keine Wahl, er muß zur Ausführung der letzten, vom Mythos vorbestimmten Tat schreiten: dem Selbstmord. Der Dramatiker aber will, daß das Unvermeidliche erst geschieht, nachdem der Held sich in seinen Gefühlen und Gedanken dazu durchgerungen hat. Vor unseren Augen hadert Aias mit seinem Geschick, entscheidet sich, scheint sich dann wieder anders zu besinnen ... Das alles gehört nicht mehr zum eigentlichen Mythos: hier schafft der Dichter eine persönliche Dimension, entwickelt »Tiefe« und gestaltet einen Helden, der der »Wahrscheinlichkeit« entspricht. Das ist das Werk des Dichters: er will zwar getreu dem Gesetz des Mythos folgen, muß aber interpretieren, um ihn szenisch darstellen zu können.

Der tragische Held ist vom Augenblick seines Erscheinens auf der Bühne an der nachträgliche Kommentator seines bereits abgelaufenen Schicksals. Er fügt der vom Mythos vorgezeichneten Bahn, deren Ende er erreicht hat, ein Gewissen hinzu, das im Mythos nicht enthalten ist. Er ist von der *Aussage* des Mythos gekennzeichnet; jetzt muß er sich selbst *aussagen*: die Tragödie nimmt in der Flächendimension des Mythos ihren Ausgang und erfindet dazu die dichterische Dimension des Zurückblickens und der freien Entscheidung, um damit zugleich die Innerlichkeit des Leidens anschaulich zu machen. Die zum Bewußtsein erwachte Besinnung kommt *zu spät* und muß der unwiderruflichen Vergangenheit, der feindseligen Umgebung und der verwirklichten Voraussage entgegensehen: Aias hat die zerstückelten Tierleichen, die objektiven Beweise seines Wahnsinns vor Augen. Es gibt keinen anderen Ausweg mehr, als das Zelt zu *verlassen,* sich also wiederum dem Zorn der Göttin auszusetzen und das vom Mythos vorausbestimmte Schicksal zur Vollendung zu bringen. Der klare innerliche Entschluß gibt dieser letzten Geste jetzt eine doppelte Motivation.

Der tragische Aias ist der Rebell, der das schwarze

Dunkel der Nacht durchschritten hat und sich in der Lichtung eines tödlichen Morgens wiederfindet: diese Wanderung gibt dem Helden seinen eigentlichen Sinn. Der psychologische Aias, wie ihn die *Problemata* auf *natürliche* Art verständlich machen wollen, ist ein der Melancholie verfallener Mensch. Hier ist das verhängnisvolle Dunkel nicht mehr der nächtliche Raum und die Binde der Täuschung, mit der Athena die Augen bedeckt hat; hier gehört es zu den Grundsäften, die das Innere seines Leibes tyrannisch beherrschen. Wer hat Aias in den Wahn getrieben? Wer führte ihm den Arm? Keine Gottheit, sondern die Materie, die ihn aus dem Innersten seiner selbst zu dem gemacht hat, was er ist: das höllische Dunkel ist die Substanz, von der Aias sich nur befreien kann, indem er sich in das Schwert stürzt. Wollte man in dieser letzten Geste die schwarze Galle als die einzige Ursache betrachten, so würde sich jede Suche nach dem Sinn des Selbstmordes erübrigen: er wäre dann nur noch eine Naturbegebenheit und nicht mehr jenes doppelsinnige Ereignis, das Sophokles uns zeigt und in dem sich freie menschliche Entscheidung und von Götterzorn beschworener Zwang die Waage halten.

»Er stürzt sich mitten in die Schafherde und beginnt mit seiner Lanze auf die Tiere einzustechen, wobei er soviel Eifer und Zorn an den Tag legt, als hätte er wirklich seine tödlichsten Feinde getroffen.« [27] Don Quijote begeht dieselbe Fehlleistung wie Aias; er ist ein Opfer

---

[27] Don Quijote (II) XVIII.

der gleichen »Blicktäuschung«. Und gewiß ist er ebenfalls ein *Melancholiker.* Wäre er aber nur das, so würde die Niedermetzelung einiger Schafe sowie das heftige Erbrechen, das die Episode abschließt, nicht mehr als die absurde Ausschweifung einer Natur bedeuten, die ihr Werk bis in die gestörten Hirne fortsetzt. In Wirklichkeit unterliegt aber Don Quijote – wie Aias – ebenfalls einer sinnestäuschenden Macht: allerdings bewirkt sie dieses Mal nicht Athena, sondern der Ritterroman. Hier haben die Romane die rachsüchtige Gottheit abgelöst.

Eine seltsame Ähnlichkeit, die trotz ihrer grundsätzlichen Verschiedenheit [28] zum Nachdenken anregt. Im »Don Quijote« finden wir ein Urtyp-Bild des Fehlgriffs – und besonders des kriegerischen Fehlgriffs –, das von Schriftstellern verbreitet worden ist, die nicht mehr an die Werte der *vergangenen* Ritterlichkeit, an kriegerische Ehre und edelmännische Heldentaten glauben. Der *Fehlschlag* geht hier doppelt daneben: er schlägt – im Lächerlichen versinnbildlicht – auf Wesen aus einem anderen Reich (dem Tierreich), einer anderen Gesellschaftsschicht (der Hirten) und einer (in der Einbildung) längst vergangenen Zeit ein. Anstatt sich mit ihresgleichen anzulegen, verirren sich die »Ritter von der traurigen Gestalt« in Zeit und Raum, fernab von ihrem »Feld der Ehre«. Aber wenn auch im einen Fall wie dem

---

[28] Aias ist ein wahrer Krieger. Don Quijote ist ein Phantasieritter. Aias haßt einen »wirklichen« Rivalen, Odysseus. Don Quijote bekämpft den fiktiven König Alifanfaron von Pentapolin.

anderen der gesellschaftliche Anachronismus einen guten Teil des aufgezeigten Irrtums ausmacht, geht es doch eigentlich um einen größeren und allgemeineren Irrtum: diese einsamen Rächer täuschen sich bei aller Kampfeswut im Gegner und verlieren sich dabei selbst. Die niedergemetzelten Tierherden veranschaulichen den extremen Abstand, der sich zwischen der vollendeten Tat und der mit reinem Gewissen und Rechtsbewußtsein gefaßten Absicht erstreckt. Wer sinnvolle Taten im Schilde führt, muß diesen Abstand als das schlimmste Unglück empfinden: es hat den Namen Wahnsinn. Nur ein Eingreifen von außen her macht ihn erklärlich. Denn es ist unerträglich, die irreleitende Kraft, die täuschende Macht ungenannt zu lassen: sie mag Athena oder *Amadis* heißen – es mag aber auch letzten Endes jener im Leib versteckte Feind sein: die schwarze Galle.[29]

---

[29] Ein von Gide geplanter *Aias* ist nach der ersten Szene steckengeblieben. Gide hätte sich gern das Eingreifen einer täuschenden Macht erspart. Er stellte jedoch fest, daß es unmöglich ist: ». . . Ich habe mich wieder an *Ajax* machen wollen, aber da ich nun den Gegenstand näher prüfe, fürchte ich, die Geste des Ajax nicht erklären, nicht einmal entschuldigen zu können ohne Dazwischenkunft Minervas oder des Wahnsinns; beide zugleich wären nötig: praktisch absurd (das ist genügend) und idealistisch wunderbar (das ist es gar nicht). – Nichts zu machen.« *Tagebuch*, 22. April 1907.

Der Kampf mit Legion
(Markus-Evangelium, V, 1–20)

IV

35   *Und an demselben Tag des Abends sprach er zu*
36   *ihnen: Laßt uns hinüberfahren. Und sie ließen das*
     Volk gehen und nahmen ihn mit, wie er im Schiff
37   *war, und es waren noch andere Schiffe bei ihm.*
     Und es erhob sich ein großer Windwirbel, und die
     Wellen schlugen in das Schiff, so daß das Schiff
     schon voll ward. Und er war hinten auf dem
38   *Schiff und schlief auf den Kissen. Und sie weck-*
39   *ten ihn auf und sprachen zu ihm: Meister, fragst*
     du nichts darnach, daß wir verderben? Und er
     stand auf und bedrohte den Wind und sprach zum
     Meer: schweig und verstumme! Und der Wind
40   *legte sich, und es ward eine große Stille. Und er*
41   *sprach zu ihnen: Was seid ihr so furchtsam? Wie*
     habt ihr denn keinen Glauben? Und sie fürchteten
     sich sehr und sprachen untereinander: Wer ist er?
     Selbst Wind und Meer sind ihm gehorsam!

V

1   *Und sie kamen ans andere Ufer des Meeres in die*
2   *Gegend der Gerasener. Und als er aus dem Schiff*
     trat, lief ihm alsbald von den Gräbern entgegen
     ein Mensch mit einem unsauberen Geist, der seine

3 Wohnung in den Grabhöhlen hatte. *Und niemand*
4 *konnte ihn mehr binden, auch nicht mit Ketten;*
denn er war oft mit Fesseln und Ketten gebunden
gewesen und hatte die Ketten zerrissen und die
5 *Fesseln zerrieben; niemand konnte ihn bändigen.*
Und er war allezeit, Tag und Nacht, in den Grab-
höhlen und auf den Bergen, schrie und schlug sich
6 *mit Steinen. Da er aber Jesus sah von ferne, lief*
7 *er hinzu und fiel vor ihm nieder, schrie laut und*
sprach: Was willst du von mir, o Jesus, du Sohn
Gottes, des Allerhöchsten? Ich beschwöre dich bei
8 *Gott, daß du mich nicht quälest! Denn er sprach zu*
ihm: Fahre aus, du unsauberer Geist, von dem
9 *Menschen! Und er fragte ihn: Wie heißest du?*
10 *Und er antwortete: Legion heiße ich; denn wir*
sind viele. Und er bat Jesus sehr, daß er sie nicht
11 *aus der Gegend triebe. Es war aber daselbst am*
12 *Berge eine große Herde Säue auf der Weide. Und*
die unsauberen Geister baten ihn und sprachen:
13 *Laß uns in die Säue fahren! Und er erlaubte es*
ihnen. Da fuhren die unsauberen Geister aus und
fuhren in die Säue, und die Herde stürzte sich den
Abhang hinunter ins Meer, ihrer waren aber bei
14 *zweitausend, und ersoffen im Meer. Und ihre Hir-*
ten flohen und verkündeten das in der Stadt und
15 *auf dem Lande. Und sie gingen hinaus, zu sehen,*
was da geschehen war, und kamen zu Jesus und
sahen den, der von den unsauberen Geistern be-
sessen gewesen war, wie er dasaß und war beklei-
16 *det und vernünftig, und fürchteten sich. Und die*

17 es gesehen hatten, sagten ihnen, was dem Besessenen widerfahren war, und von den Säuen. Und
sie fingen an und baten ihn, daß er aus ihrer
18 Gegend zöge. Und da er in das Schiff trat, bat ihn
19 der Besessene, daß er bei ihm bleiben dürfte. Aber
Jesus ließ es ihm nicht zu, sondern sprach zu ihm:
Gehe hin in dein Haus zu den Deinen und verkündige ihnen, wie große Wohltat dir der Herr
getan und sich deiner erbarmt hat. Und er ging
hin und fing an, zu verkündigen in den Zehn
20 Städten, wie große Wohltat ihm Jesus getan hatte,
und jedermann wunderte sich [1].

In dem Versuch, einen Text des Evangeliums rein *litera-
risch* auszulegen, liegt zweifellos eine gewisse Heraus-
forderung: eine solche Arbeit reiht sich den zahlreichen
Schriften der Bibelexegese an, die sie nicht kennt oder
auch keine Bedenken trägt, nicht zu kennen. Da sie
außerdem weder von einem Gläubigen noch von einem
Theologen einer anderen Konfession verfaßt ist, wird
sie schon wegen ihres Außenseitertums unangemessen erscheinen, und dieses Außenseitertum wird auch durch die
Notwendigkeit, sich in das *Innere* des Textes einzuschließen, um seinen Sinn voll und ganz zu erfassen,

---

[1] *Der Kampf mit Legion* ist auch in dem Sammelband
»Analyse structurale et exégèse biblique«, Neuchâtel
1971, S. 63–94 erschienen.

nicht aufgewogen. Wer ein solches Unternehmen wagt, sieht sich auf die Probe gestellt: wird es ihm gelingen, ebensoviel bedeutsame Zusammenhänge zu entdecken, wie sie die traditionelle Bibelexegese bereits gefunden hat? Der Spätkömmling, der ich bin, weiß sehr wohl, daß seine Interpretation sogleich mit all denen verglichen werden wird, deren Liste er nur verlängert. Er ist also auf der Hut; er weiß, daß Vorsicht geboten ist und daß er seine ganze Erfindungsgabe dransetzen muß, um die Legitimität seiner Methode zu beweisen. Er wird daher schwerlich die Haltung des unvoreingenommenen Lesers einnehmen können, selbst wenn er den Wunsch verspüren sollte, reinen Tisch zu machen und die heilige Schrift wie irgendeinen anderen Text zu behandeln: er kann ja nicht umhin, den besonderen Platz dieser Schrift unter den Texten, die die Jahrhunderte geformt haben, seine historische Funktion und folglich auch seine heutige Bedeutung und die Gründe, d. h. die historischen Gründe, die ihn für uns interessant machen, zu berücksichtigen. Es ist beabsichtigt und verfahrensgemäß, wenn wir das uns beschäftigende Fragment, im klaren Bewußtsein der damit umgangenen Dimensionen, allein auf seine Aussage, nur auf seine Grundstruktur beschränken. Natürlich werden wir dabei nicht zu weit gehen, nicht vorgeben, wir wüßten nichts vom alt- oder neutestamentarischen Zusammenhang. Was beiseite gelassen wird, sind nicht die vorangehenden oder die folgenden Seiten, sondern das Beiwerk der außerhalb des Textes liegenden Dokumentation, all jener Schriften, die sich auf Ereignisse beziehen, die in der Erzählung nicht enthalten sind, die die wissenschaftliche Forschung aus anderen Quellen bezogen hat, um dem Historiker Hinweise auf das Datum seiner Entstehung zu verschaffen. Wir gehen hingegen so weit, die kanonische Lesart ohne jeden Argwohn anzunehmen und ohne zu fragen, ob er in allen Teilen von der gleichen Hand ist und ob dem jetzt vorliegenden Text nicht etwa andere vorangegangen sind. Kurz, anstatt den Text in eine geschichtliche Zeitenfolge zu rücken, werden wir uns bemühen, seinen internen Zeitablauf, so wie er aus dem eigentlichen Wortlaut hervorgeht, festzustellen. Wir werden also den Text in seiner »Synchronie« – das heißt in der relativen Gleichzeitigkeit seiner Teile – untersuchen, dabei aber auch die Anordnung seines zeitlichen Ablaufs stets im Auge behalten: der so vom Zeitbegriff des Historikers getrennte, seiner Nah- und Fern-Bestimmung enthobene Text ist nicht unbeweglich; er bietet uns eine Zeitdauer, jenen »Faden« nämlich, der den fügsamen Leser leitet. Im Lichte dieser Prämissen wird die Analyse auf Mutmaßungen, wie der Text zustande kam und wie er in die heilige Schrift gelangte, verzichten: sie nimmt ihn so, wie er sich der Lektüre anbietet. Sie wird alle seine Bestandteile als *homogene* Größen betrachten und sich nicht herausnehmen, zwischen »nur redaktionellen« und »wahrscheinlich originalen« Stellen zu unterscheiden; sie wird nicht mit den Historikern wetteifern und sich auf die Suche nach einem hypothetischen Bericht der ersten Erzähler begeben, der sich hinter den von den Kommentaren der ersten Gemeinde oder den literarischen Vorstellungen des Evangelisten bedingten Anreicherungen oder Entstellungen verbergen könnte. Anstatt die traditionelle Lesart zergliedern zu wollen, bemüht sich die Strukturalanalyse ganz im Gegenteil, sie in ihrer Gesamtheit zu erfassen; und da es sich hier um eine kanonische Bibelstelle handelt, werden wir uns um so mehr an die Form halten, in der der Text aufgefaßt und im Laufe der Jahrhunderte ausgelegt worden ist. Bei unserer Ehrfurcht vor diesem Text ziehen wir in Betracht, daß er von alters her in all seinen Teilen für das Werk einer Eingebung gehalten wurde. Und als solcher hat er seine Wirkung getan. Wenn wir auch wissen, daß absichtliche oder zufällige Abänderungen aller Art zwar nicht den Text seines Sinns berauben, aber ihm oft noch einen *anderen* einleuchtenden, sich der Interpretation anbietenden Sinn hinzufügen, so kann diese Möglichkeit Zweifel über die Entstehung oder die Verfassung des kanonischen Textes aufkommen lassen, nicht aber über die Tatsache, daß er in der heute zu lesenden Fassung erhalten und überliefert worden ist. Auslassungen, absichtliche Verzerrungen, Verbesserungen und Verschlechterungen mögen vorgenommen sein, und wir wissen nicht, ob auch ein sehr entstellter Text uns immer noch ansprechen kann und sich einem scharfsinnigen Kommentar anbietet, der unerwartete Reichtümer in ihm entdeckt und ihm präzise Absichten zuschreibt – vielleicht gerade da, wo der Kopist einen Schreibfehler gemacht hat. Die »Gefahr« einer solchen Analyse besteht vor allem in ihrer zu stark betonten Rezeptivität, in ihrer nachgiebigen Dehnbarkeit und in ihrer Bereitschaft, sich an allem, was man ihr bietet, gutzutun. Nichts zwingt jedoch diesen Typus der Analyse, nur Harmonien und Übereinstimmungen aufzuzählen: wird sie aufmerksam genug betrieben, so wird sie auch mögliche Mißverhältnisse und zueinander in Widerspruch stehende Verfahrensformen aufzeigen, wo sie sie antrifft. Es kann bei einer solchen Analyse, die von vornherein alle sich bietenden Größen in ihre Rechnung einbezieht, letzten Endes durchaus geschehen, daß man Ungleichheiten, Widersprüche und Zusammenhanglosigkeiten entdeckt, aus denen dann die Philologie für ihre eigenen Zwecke ihren Nutzen ziehen wird, um Richtigstellungen anzubringen oder Zweifelhaftes wegzuräumen. Deshalb schließt die interne Analyse nicht *a priori* eine »kritische« Bewertung der textlichen Gegebenheiten aus. Allerdings beabsichtige ich nicht, in dieser Richtung vorzugehen: ich werde mich damit begnügen, dem Text eine Reihe von Fragen zu stellen, die nur er allein von sich aus beantworten kann.

Wer spricht?

Auf welchen *Autor* (oder Sprecher) verweist der Text? Kein Autor (in den Anfangsworten oder in den letzten Zeilen des Markus-Evangeliums) stellt sich in der ersten Person vor. Nirgendwo, außer im Titel, erscheint der Name des Evangelisten Markus. Der Text hängt also nicht am Gedanken, am Belieben, an der Erinnerung, an den Verunsicherungen eines Einzelmenschen. Der »Erzähler« ist völlig zurückgetreten, als wollte er sein Werk aller Beziehung zu sich selbst, jeglicher Abhängigkeit von seinem eigenen Standpunkt entziehen. Sicherlich nicht aus Bescheidenheit, sondern um seinem Bericht die Autorität eines von keinem Schatten getrübten Wissens zu verleihen. Wir begegnen hier dem eigentlichen Typ des reinen Berichtes, dessen radikal erzählerische Funktion jeden expressiven Hinweis auf den Autor ausschließt. Hier kommt es nur auf den »Bezug« an, das Leben und Leiden Jesu Christi, dem das Schicksal aller Menschen verbunden ist. Schon daraus geht in diesem Text die Gegenüberstellung der einfachen Erzählung, die für die *Chronik* charakteristisch ist und – in der Einführung (I, 1–3) sowie in den zitierten Aussprüchen des Johannes und Christi – der *Heilsbotschaft* hervor, in der eine entscheidende Verheißung wie Erfüllung verkündet wird. Die Zitate der Propheten durchlaufen den Text von Anfang an, als wollten sie den Leser in Johannes und später dann in Jesus den fehlenden *Bezug* erkennen lassen, den die alttestamentarische Prophetie in die Zukunftsform gesetzt hat. Der Text des Evangeliums breitet nicht nur wie alle mythischen Texte eine Erzählung ohne jedes erklärende Beiwerk aus, in der alle Taten und Worte des »Helden« getreu in ihrer Gesamtheit überliefert werden, sondern macht es sich auch zur Aufgabe, den vom Alten Testament und den Propheten in ihren Texten beschworenen Raum der Erwartung und der Hoffnung auszufüllen: er unternimmt es, die offengelassenen Gräben eines vorangegangenen Textes zuzuschütten. So verleihen das wörtliche Zitat eines bereits geschriebenen Wortes (»wie geschrieben steht«) und die *verbatim*-Zitierung des von Jesus ausgesprochenen Wortes (»und er sprach«) dem Text eine *Autorität,* die sich nur auf die sie verbindende und sie einführende Erzählung (die Chronik) auswirken kann. Es ist die erkennbare Absicht des Evangelisten, zu beweisen, daß die Naht zwischen dem, was angekündigt und was nunmehr vollbracht ist, hergestellt wurde: diese Nahtstelle tritt noch deutlicher zutage, wenn das Zitat aus dem Alten Testament sich in den Worten findet, die der Evangelist in den Mund Jesu legt (das gilt auch für das Zeugnis des Johannes am Anfang und die Worte Jesu, Markus I, 15, die die Prophezeiung des Jesaias VI, 1 wieder aufnehmen). Die Frage: *wer spricht?* findet also keine klare Antwort. Der Bericht, in dem die *Person* des Erzählers nicht vorhanden ist, läßt *Bezüge* in Erscheinung treten, deren Ursprung genau zu erkennen ist; man muß demnach in diesem Bericht zwischen zwei Ebenen unterscheiden: der der reinen Erzählung, die eine schildernde Funktion erfüllt, Ereignisse und Begebenheiten darstellt, und der der überlieferten Worte, die der Heiligen Schrift oder der Person Christi (und derer, die ihm begegnen) entstammen. Die Zurücknahme des Erzählers als Subjekt verhilft also dazu, daß Christus als Sprecher der *ersten Person* in den Vordergrund tritt: der Evangelist redet nur, um Gesprochenes wiederzugeben, und schreibt sich nicht einmal die Rolle des Zeugen zu.

Allerdings mißt er sich die volle Kenntnis der in seinem Bericht auftretenden Personen (Menschen oder Dämonen) zu. Er *weiß,* daß Jesus Gottes Sohn ist, und kann daher zwischen denen, die die Wahrheit erblickten, und denen, die sie nicht erkannten, unterscheiden: diese

Scheidung ermöglicht ein Urteil über die, die da glauben, und die, die sich nicht überzeugen lassen. Die *ihrer selbst sichere* Erzählung schafft die Möglichkeit einer Spaltung, einer Trennungslinie, die die Zeitgenossen Christi in zwei Gruppen teilt. Und diese Demarkationslinie verlängert sich eigentlich bis zum Augenblick der Lektüre: in den Augen dessen, der den Text des Evangeliums zur Kenntnis nimmt und ihm als Zuhörer oder Leser seine volle Zustimmung gibt, kann die Weigerung, an Christus zu glauben, nur die Folge einer Verblendung oder einer Verstocktheit sein. In seiner autoritätsbestimmenden Form fordert der Text eine Lesung, in der jedes Urteil über die wahre Identität der Personen unmittelbar den Glauben voraussetzt. Genauer ausgedrückt: die jede gefügige Lektüre begleitende Zustimmung wird hier unmerklich in einen Glaubensakt verwandelt, in dem der Leser sich über *das, was geschrieben steht,* hinaus *Dem, von dem geschrieben steht,* zuwendet. Der Text ist so strukturiert, daß der Leser oder Zuhörer des Evangeliums *ipso facto* durch die vermittelnde Erzählung zum Jünger Christi wird.

Zu wem wird gesprochen?

Der Text erwähnt nicht, an wen er sich richtet. Er legt sich nicht ausdrücklich fest; hie und da verstreute Indizien lassen die Mutmaßung zu, das Markus-Evangelium sei »ursprünglich« für eine heidnisch-christliche Gemeinde bestimmt gewesen. Aber gerade aus dem Fehlen eines bestimmten Empfängers ergibt sich die Universalität des Empfängers. Der schattenlose Bericht lädt zu einer erkennenden Lektüre aller Menschen und zu allen Zeiten ein. Der spätere Leser fühlt sich von den Worten, die Christus in den vom Bericht vorgezeichneten Ereignissen an seine Zuhörer richtet, besonders angesprochen, weil sie allgemeingültig genug sind, um über ihren unmittelbaren Anlaß hinaus zu wirken, und den einzelnen Episoden eine symbolische Funktion innewohnt, die der Leser immer wieder auf sich selbst beziehen kann.

Enthält der Text den Hinweis auf seinen eigenen Status?

Die heutige Kritik auf literarischem Gebiet ist besonders für Einzelheiten empfänglich, die im Innern eines Textes auf die dem Gesamtwerk zufallende Funktion, seine Entstehung oder seine Endabsicht hinweisen oder sie erkennen lassen. So finden wir in Markus V, 19–20 den von Jesus dem geheilten Gerasener erteilten Befehl: »Verkündige ihnen.« Und er gehorcht: »Und fing an, zu verkündigen in den Zehn Städten« (der Dekapolis), »wie große Wohltat ihm Jesus getan hatte.« Der Text zeigt klar an, von wo die Verkündigung ausgegangen ist. Sie folgt auf den wundertätigen Augenblick einer Heilung, sie geschieht aufgrund eines ausdrücklichen Befehls aus dem Munde des Meisters, der diesen Mann, nachdem er ihn geheilt, lieber mit einer »fernen Aufgabe«, *in gewisser Distanz*, betraut, als ihn in die Schar seiner Begleiter und Zuhörer aufzunehmen. Der Text des Markus ist zwar vor allem ein Akt der Verkündigung und der Verheißung, aber in dieser Episode verbirgt sich die mögliche Geschichte — gewissermaßen das bildliche Attribut — ihrer Entstehung. Dieser Teil des Textes hat übrigens den Verdacht der Historiker erregt: sie sehen darin eine redaktionelle Hinzufügung, dazu bestimmt, die Ausbreitung des Apostolats auf nichtjüdischem Boden als eine von Christus selbst gewollte Mission zu rechtfertigen. Wie dem auch sei: wir lesen das Markus-Evangelium nun einmal in seiner »redaktionellen« Fassung, und da ist es besonders auffallend, daß der »Redakteur« es für nötig befand, hier einen bildlichen Hinweis auf seine eigene Tätigkeit anzubringen. (Natürlich stellt er sich nicht persönlich vor, denn er tritt ja nirgends in Erscheinung, und er erzählt auch nichts von den Umständen, die ihn zum Glauben geführt haben: wir können auch nicht wissen, ob er selbst durch Christus oder einen seiner Apostel von einem Dämon befreit wurde. Aber die Austreibung des Dämons, die Befreiung, ist an sich schon symbolbeladen genug, um sich auf jede Bekehrung, auf jede »Neugeburt« beziehen zu können.)

Die Raumstruktur

Unser Text ist besonders reich an räumlichen Hinweisen. Eine ganze Topographie breitet sich vor uns aus, und sie tritt durch die in ihr sich abspielende Handlung noch klarer zutage. Es handelt sich hier keineswegs nur

I

I

Der Selbstmord des Aias
Mittelkorinthische Schale
(um 590/580 v. Chr.)
Leihgabe aus Schweizer Privatbesitz
Antikenmuseum Basel
(Inv. 64 044)
Photo: D. Widmer, Basel

II

Jean III Le Clerc
Jesus erlöst den Besessenen
(17. Jahrhundert)

III

Johann Heinrich Füssli
Der Nachtmahr
(1782)
Freies Deutsches Hochstift
Goethe-Museum
Frankfurt/Main

II

III

um eine simple Kulisse: der Sinn der Handlung ist eng mit dem von ihr durchschrittenen Raum verbunden. Mit anderen Worten: entzöge man der Handlung ihre räumliche Bestimmung, so ergäbe sie keinen Sinn mehr. Die Handlung und ihr Fortgang sind untrennbar.

»Und sie kamen ans andere Ufer des Meeres in die Gegend der Gerasener.« Im griechischen Text wird die Präposition wiederholt, was eine doppelte örtliche Bestimmung bedeutet. Da ist erstens das »andere Ufer des Meeres« (eine topographische Angabe) und zweitens die »Gegend der Gerasener« (eine ethno-religiöse Angabe). Dieses Mehr an Information ist nicht zufällig: sie ist durchaus bedeutungsvoll.

Jesus begibt sich in ein fremdes Land, in die Dekapolis (das Land der Gerasener). Dort findet man Schweineherden, die es auf jüdischem Boden nicht gibt. Er hat die konfessionellen Grenzen seines Landes überschritten, und dort wird er inmitten eines Volkes, das das *Gesetz* nicht befolgt und wahrscheinlich auch nie befolgt hat, einen Menschen »heilen« und ihn zu seinem Zeugen machen. Es ist verständlich, daß die Gegend der Gerasener, konkreter ausgedrückt, als das Urbild aller heidnischen Länder erscheinen könnte, all der unbekehrten Gebiete, wo sich die christliche *Mission* ausbreiten wird. Auf diese Weise wird der von Dämonen Befreite zum Vorläufer der Apostel, die ihrerseits wiederum die Vorbilder jedes das Evangelium verbreitenden Vorhabens sind.

Das »andere Ufer des Meeres« ist jedoch auch ein

»Jenseits«, dessen Bestimmung sich nicht nur auf die Eigenart des in fremden Ländern praktizierten Glaubens beschränkt. Die sogleich hinzugefügte Beschreibung verleiht dem Ort außerdem ein wildes und fürchterliches Aussehen: Grabhöhlen, Berge. Das galiläische Ufer wurde am *Abend des Tages* verlassen, und dann trat der Windwirbel auf. Und das erste Lebewesen, dem Jesus begegnet, ist eine Kreatur des Schreckens. Wir haben es hier mit einer Reihe von gleichzeitigen Darstellungen zu tun, die es uns verbieten, diese Schiffsreise Jesu als eine einfache west-östliche Überquerung des Meeres zu betrachten. Die Fahrt erhält eine neue qualitative Bedeutung: sie wird zur Begegnung mit einer Welt des Inferno, ist eine Höllenfahrt, eine Katabasis. Metaphorisch gelesen, entspricht das andere Ufer einer »anderen Welt«, einer höllischen, und die Reise Christi symbolisiert eine Durchquerung des Universums bis in seine finstersten Unergründlichkeiten.

Bietet die geographisch-religiöse Gegenüberstellung (jüdische Erde – heidnische Erde) das Substrat einer ekklesiologischen Allegorese, so läßt sich die bildliche Schilderung der Überfahrt in eine nächtlich-unheimliche, wilde, von Dämonen bevölkerte Gegend auch in einem ontologisch-theologischen Sinne verstehen: das von Jesus an diesem unheilvollen Ort vollbrachte Wunder ist ein mystisches Bild des allumfassenden Heils. Das andere Ufer ist das, was auf der anderen Seite steht, das sich außerhalb befindet, das Entgegengesetzte; es ist das Andersartige, das Gegenteil, nicht nur in seiner Eigenschaft als gegenüberliegender Ort, sondern als gegenüberstehende Macht. Das jenseitige Ufer ist ein *Anti*-Ufer; das jenseitige Licht ist ein *Un*-Licht; die Grabhöhlen, Aufenthalt der Toten, sind ein *Un*-Leben: die Dämonen sind *Wider*-Sacher. Die *Übertretung* der »Grenze« ist das zentrale Ereignis, das sich sowohl der ekklesiologischen Allegorese wie der ontologischen Lektüre anbietet, um das entscheidende *Zeichen* zu geben. Christus *geht dem Anderen entgegen:* dem Gegner, dem Ungläubigen, dem leidenden Menschen. Es erweist sich, daß die beiden Bedeutungen der Überfahrt – das Überwältigen (des Dämons) und das Überzeugen (der Menschen) – sich nicht voneinander ausschließen; besser noch, sie ergänzen sich gegenseitig, denn die beiden Behauptungen sind vereinbar: man kann sie als folgegemäß ansehen, weil die befreiende Handlung als Ausgangspunkt für die *evangelisierende* Mission dient, die dem geheilten Teufelsbesessenen anvertraut wird.

Was uns anbetrifft, so sähen wir eher, wie sich einige der aktiven Funktionen des Textes in ein paar scheinbar unwichtigen Worten und Wortgruppen konzentrieren, die aber durch ihre Wiederholung und durch alles, worauf sie sich beziehen, einen bedeutsamen Sinn erhalten: die Präposition *in*, die zuerst auftritt, um die Bewegung Christi anzudeuten, erscheint wieder, um die dem geheilten Besessenen angetragene Bewegung zu vermitteln: »Gehe hin *in* dein Haus« (V, 19). Die positive Dynamik kommt klar in der so wiederholten Präpositionsstruktur zum Ausdruck: es geht jedes Mal um eine *Gegenbewegung,* die den Sinn des Entgegentretens und der Verkün-

digung des Heils (der Wahrheit des Heils, der Erzählung über die Heilung) in sich trägt. Man beachte, wie
gleich darauf die gleiche Präposition wieder auftaucht,
um das Gegenbeispiel der befreienden Bewegung darzustellen, wenn die Geister *in* die Säue fahren (V, 12, 13)
und die Säue sich *ins* Meer stürzen (V, 13). Hier ist es
die Bewegung dessen, was vor der Gegenwart Jesu flieht
und sich zurückzieht. Der Sturz der Herde schafft eine
vertikale Dimension (den Abhang hinunter ins Meer),
die im Gegensatz zu der von Christus beschriebenen ho-
rizontalen Strecke steht. Wir haben erfahren, daß der
Besessene »in den Grabhöhlen und *auf den Bergen*«
(V, 5) lebte; der Weg der dämonischen Mächte von den
Höhen der Berge bis in die Tiefen des Meeres *kreuzt*
also buchstäblich den von Jesus beschrittenen Weg.

Die Gesamtvorzeichnung der Handlung im Raum ist
eng an die Bewegung der Person gebunden, und die Bewegung wäre nicht ausgiebig beschrieben, wenn man
außer acht ließe, daß sie im allgemeinen ihren Ursprung
in den Worten Jesu findet, der sie verkündet und sozu-
sagen hervorruft. Die Überfahrt wird erzählt (IV, 35):
»Und an demselben Tage des Abends sprach er zu
ihnen: Laßt uns hinüberfahren.« Die Bewegung wird
also *ausgesprochen,* bevor sie *ausgeführt* wird. Das gleiche gilt für die »Mission« des befreiten Geraseners. Jesus
sprach zu ihm: »Gehe in dein Haus« (V, 19). Erst dann
macht sich der Gerasener gehorsam auf den Weg: »Und
er ging hin ...« (V, 20) Man könnte sich fragen, ob dieses Vorangehen des *gesprochenen Wortes* vor der aus-
geführten Handlung nicht eine charakteristische Struk-

tur unseres Textes ist (und über Markus hinaus der gesamten Literatur der Evangelisten und Propheten). Das Ereignis ist vorausgesagt, sei es von weit her in den Heiligen Schriften, sei es kurz davor in den Worten des Meisters und Propheten Jesus, dessen Macht sich in der Bestätigung zeigt, die jedes Ereignis seinen Worten liefert. Wir haben bereits auf die wichtige Rolle der Zitate im Markus-Evangelium hingewiesen (und das ist eine Eigenart, die sich auch bei Matthäus und Lukas wiederholt): Verse aus dem Alten Testament und Worte Christi werden mit der gleichen Genauigkeit mit den Ereignissen in Bezug gesetzt – was der Wahrhaftigkeit der Worte Christi gegenüber einer zu bekehrenden jüdischen Zuhörerschaft dieselbe Autorität verleiht, die die Texte der Propheten und des Psalmisten besitzen. Ein solches Vorgehen läßt sich eigentlich nur mit der Absicht erklären, dem biblischen Text innerhalb des Verhältnisses Voraussagung–Bestätigung die voraussagende Funktion zu geben. In einem ersten Sinne sind Christus, seine Lehre und sein Opfer vorausgesagt: sie bestätigen, was zuletzt von Johannes versprochen und verkündet wurde. Im zweiten Sinne sind die Worte und die Taten Christi voraussagend: sie verkünden (wie die Propheten) kommende Ereignisse, von denen einige unmittelbar den Worten folgen und andere erst in einer weniger bestimmten Zukunft stattfinden sollen. Der Text des Evangeliums bietet uns also eine Verdoppelung oder gar eine Verdreifachung der voraussagenden Funktion:

A
  ⎧ Nach dem, was
  ⎪ geschrieben steht: das Alte Testament   ⎫
  ⎨ Nach dem,   die Person
  ⎪ was Johannes   ⎬ Christi
  ⎩ verkündet hat: Johannes   ⎭

B   Nach dem, was Er
      gesagt hat:
                 das Wort Christi → unmittel-
                 bare oder fernere Ereignisse, die
                 Christus *vorausgesagt* hat.

In unserem Text verkündet oder befiehlt Jesus nichts,
das sich nicht sofort verwirklicht. Aber es ist nicht überall so: Jesus verkündet auch Dinge, deren Verwirk-
lichung zu erwarten bleibt. Wie könnte es anders sein?
Hätte er mit seinem Kommen die in den Schriften der
Propheten enthaltene Erwartung und ihr Versprechen
gesättigt, so hätte es ja wohl den Frieden auf Erden gegeben. Da das offensichtlich nicht der Fall ist, kann der
Evangelist nur so die alte Voraussagung als erfüllt erklären, indem er – in der himmlischen Dimension – ein
neues Versprechen eröffnet, das heißt, indem er den, der
gerade alle vorherigen Prophezeiungen erfüllt hat, neue
Prophezeiungen offenbaren läßt.
Die Beziehung des vorangehenden Wortes zum eintre-
tenden Ereignis (Untergang, Heilung, Verrat usw.)
scheint uns so gewohnt, daß jedes einigermaßen wichtige
Ereignis, dem kein »erklärendes« Wort vorangeht, als
eine Anomalie aufgefaßt werden und den Kommentator
in Verlegenheit versetzen muß. So geht es in unserem
Text mit dem Sturz der Säue ins Meer. Gewiß, die un-

widerstehliche Austreibung ist zunächst den Worten
Jesu zuzuschreiben: »Fahre aus, du unsauberer Geist,
von dem Menschen« (V, 8). Jesus läßt sich auch auf die
Bitte der Geister ein, in die Säue fahren zu dürfen:
»Und er erlaubte es ihnen« (V, 13). Der Sturz ins Meer
ist jedoch weder angesagt noch befohlen. Daraus ergibt
sich für den Leser der Eindruck des Fehlens jedes kausalen Zusammenhangs. Daß Jesus den Todessturz gewünscht haben mochte, wäre eine ziemlich gewagte
Schlußfolgerung, die sich leicht in Frage stellen ließe.
Da ist man schon der Wahrheit näher, wenn man sich an
die Feststellung hält, daß es sich hier um ein Ereignis
handelt, dem kein Wort vorausgegangen ist und das wir
deshalb weder mit einer Absicht noch mit einem Befehl
in Verbindung bringen können. Vielleicht aber verleiht
gerade darum dieses Ereignis einer rein symbolischen
Deutung um so mehr Gewicht: der Sturz der Sauherde
ins Meer ist die *Figur* des Sturzes der aufständischen
Geister in den Abgrund.

Die Personen

Es entgeht auch der einfachsten Betrachtung nicht, daß
Jesus mit zahlreichen Personen in Beziehung steht und
daß sein Verhältnis zu ihnen einem stetigen Wechsel
unterzogen ist. Erweitern wir unsere Betrachtungen, so
bemerken wir, daß sich bei der Abfahrt vom galiläischen
Ufer (IV, 36) sowie bei der Rückkehr dorthin (V, 21)
eine große Menschenmenge um ihn versammelt hat: um

sich mit Jesus einschiffen zu können, schickten die Jünger das Volk fort: »Und sie ließen das Volk gehen« (IV, 36); und sobald Jesus zurückgekehrt ist, »versammelte sich viel Volks zu ihm« (V, 21). Wir stellen eine genaue Symmetrie fest. In den Augen des galiläischen Volkes ist Jesus nacheinander anwesend, abwesend und wieder zurückgekehrt. In seiner Beziehung zur Menge beschreibt Jesus die Bewegung des Fortgehens und des Wiedererscheinens, die gleiche Bewegung, die er später noch einmal in seiner Beziehung zu den Aposteln bei der Kreuzigung, der Grablegung und der Auferstehung vollzieht.

In den Textstellen von IV, 35 bis V, 21 ist es außerdem von Interesse, der Zahl der Personen, die Christus begleiten oder ihm gegenüberstehen, einige Aufmerksamkeit zu schenken. Zuerst ist Jesus inmitten der Menschenmenge (IV, 35); darauf befindet er sich mit seinen Jüngern auf einem Schiff, das von anderen Schiffen umgeben ist (IV, 36); später ist nur noch von dem einen Schiff die Rede, auf dem Jesus und seine Jünger über das Meer fahren; bei V, 1 erwähnt der Text eine gemeinsame Ankunft: »Und sie kamen ans andere Ufer«. Aber beim Verlassen des Schiffs wird *allein* Jesus genannt: »Und als er aus dem Schiff trat« (V, 2). Und wiederum ist es ein Mensch *allein,* der ihm aus der Tiefe der Grabhöhlen entgegentritt. Wir sind also im Laufe des Textes einer fortschreitenden Vereinsamung gefolgt, da Jesus sich zwar wirklich von den anderen (dem Volk, den anderen Schiffen) entfernt, aber auch weil der Erzähler beschlossen hat, nur noch von ihm zu reden, ohne sich um die mögliche Anwesenheit der Jünger, die ihn bisher begleitet haben, zu kümmern. Sie werden erst wieder im nachhinein erwähnt, als die, »die es gesehen hatten« (V, 16). Alles vollzieht sich, als habe der Erzähler gewünscht, der Begegnung zwischen Jesus und dem Besessenen den stärkstmöglichen Akzent dramatischer Wirkung zu geben, indem er der Szene alle Charakteristiken eines Zweikampfes verleiht.

Jedoch von diesem Punkt an erleben wir eine Vermehrheitlichung, in der sich nacheinander die Zahl derer, die Jesus gegenüberstehen, und derer, die um ihn sind, vervielfacht. Schon der Mann, der Jesus entgegengeht, ist, wie berichtet wird, von einem unreinen Geist besessen (V, 2). Der Gegner ist also doppelt. Dann wird er Legion und wuchert zu einer Herde von zweitausend Schweinen. In der Folge sehen wir nacheinander die Hirten (V, 14), die Leute aus der Stadt und aus dem Lande erscheinen, das heißt eine ganze gerasenische Volksmenge, die, anstatt Jesus zurückzuhalten, ihn bittet, »daß er aus ihrer Gegend zöge« (V, 17). Erst darauf befindet sich Jesus wieder der Volksmenge gegenüber, die er am westlichen Ufer des »Meeres« verlassen hatte.

Jesus ist in der Erzählung des Evangeliums der ständige Held; er ist der unabänderliche Verkörperer der *Einzahl*. Die Jünger sind mit ihm nur zeitweise und auf Widerruf in einer Gruppe vereinigt: eine Veränderung in ihrem *Glauben* kann sie jederzeit von ihm trennen. Jesus ist ihnen daher nicht komplizenhaft, auf Gedeih und Verderb verbunden. Er kann niemandem gleichgestellt werden: in seiner Rolle des Meisters, Heilands und Befreiers ist seine Beziehung zur Umwelt stets asymmetrisch und drückt sich meist durch die Gegenüberstellung von Einzahl-Mehrzahl aus: Jesus richtet sich mit seiner Lehre an die *Volksmenge*; dann verläßt er sie in Begleitung seiner Jünger: als solle der Gegensatz Einzahl–Mehrzahl weiter aufrechterhalten bleiben, ist die Überfahrt vom Sturm und den Vorwürfen, die Jesus an seine Jünger richtet, gekennzeichnet. (IV, 40). Die dramatische Begegnung zwischen Jesus und dem Besessenen gibt zunächst dem *Anderen* den Anschein, eine Einzelperson zu sein: aber einerseits stellt man gleich fest, daß es damit keine lange Dauer hat, denn der Andere wird Legion; und andrerseits muß hinzugefügt werden, daß das Fehlen des *quantitativen* Gegensatzes Einzahl–Mehrzahl sich in der Betonung des *qualitativen* Gegensatzes Gut–Böse oder Gottessohn–Dämon wieder ausgleicht. Die Gegensatzstruktur bleibt erhalten. Und außerdem ist zu bemerken, daß die Heilung des Geraseners, seine Bekehrung zum Jünger Jesu und seine evangelische Mission von nun an das Sonderrecht und die Gefahr der Eigenheit (der Einzahl) auch auf ihn übertragen, da er ja nun in seiner neuen, missionarischen Beziehung zu den Bewohnern der Dekapolis eine Eigenart einnimmt. Der durch seine Begegnung mit Jesus dem Heil zugeführte, gereinigte Gerasener steht seinen heidnischen Landsleuten ebenso allein gegenüber wie Jesus der Volksmenge, der er seine Lehren und Heilungen vermittelt. Man kann daraus ableiten, daß Jesus sich zwar an die Mehrzahl, die Menge wendet, daß sein Handeln aber auf die, die er heilt oder denen er seine Lehre erteilt, eine wesentlich individualisierende, eigenschaftsfördernde Wirkung ausübt. Und es wäre wohl nicht falsch, hinzuzufügen, daß das Böse immer auf der Seite der Mehrzahl steht: ob es sich um Krankheiten, feindselige Besessenheit oder Unglauben handelt; der Widersacher ist immer in der Mehrzahl. Erinnern wir uns an das Wort Kierkegaards: »Die Masse, das ist die Lüge.« Allerdings sei dazu gesagt, daß Jesus der Menge immer wieder entgegengeht und ihr durch Heilungen und *Einzel*bekehrungen seine Macht offenbart.

Ein genaueres Studium des Bibelabschnitts Markus V, 1–20, führt uns wunderbar klar und wie einer innerlichen Notwendigkeit gehorchend den *Pluralisationsprozeß* des unreinen Geistes vor Augen. In V, 2 erscheint ein »Mensch mit einem unsauberen Geist«. Wir finden hier eine doppelte Singularform vor (Mensch, Geist). Als der Mann vor Jesus niederfällt und ihn anfleht (V, 7), bedient er sich noch in seiner Anrede des Singulars: »Was willst du noch von mir, o Jesus, du Sohn Gottes, des Allerhöchsten? Ich beschwöre dich bei Gott, daß du mich nicht quälest!« Diese Anrede in der Einzahl ist allerdings ziemlich zweideutig, denn die Einzahl kann sich ebensogut auf den Mann als auf den Geist beziehen. Die Beschwörung richtet sich eindeutig an Christus, aber der Sprecher gibt sich nicht genau bekannt. Die erste Person der Einzahl, die nur ein Subjekt voraussetzt, ist offenbar zu eng: daraus ergibt sich eine *unreine* Verwechslungsmöglichkeit der beiden Wesenheiten (Mensch und Dämon), die sich im selben »ich« verschmelzen. In seiner Antwort spricht Jesus den unsauberen Geist in der Ein-

zahl an, als übersehe er vorläufig seine pluralistische Beschaffenheit: »Fahre aus, du unsauberer Geist, von dem
Menschen!« (V, 8). Und auch als er ihn nach seinem
Namen fragt, läßt Jesus noch in seiner Anrede die Einzahl gelten. »Wie heißest du?« (V, 9). Der Dämon jedoch hatte Christus sofort erkannt und ihn als den Sohn
Gottes, des Allerhöchsten begrüßt: man hat bei der Lektüre der Evangelien oft bemerkt, daß die dämonischen
Mächte – weil sie »geistig« sind – Jesus, ihren Todfeind,
sofort zu erkennen vermögen. Sollte Jesus in dieser Beziehung dem Dämon gegenüber weniger scharfsichtig
sein? Oder müssen wir annehmen, daß die an den
Dämon gestellte Frage keine richtige Frage, sondern
bereits der Beginn des Kampfes gegen den Widersacher
ist? Indem er ihn zwingt, sich bei seinem Namen zu
nennen, gewinnt er ja bereits einen Halt, um ihn aus-
treiben zu können. Nun ist aber der Name, mit dem der
Dämon sich bekannt gibt, ein Kollektivsingular:
»Legion heiße ich« (V, 9). Dieser Name (obgleich Einzahl) ist ein Vervielfältigungswort: er ist der Schlüssel
der pluralistischen Beschaffenheit. Die unbezwingliche
Gegenwart und die gebieterische Frage Jesu nötigen den
Dämon, der seine Identität preisgeben muß: das Wort
Legion enthält viele leicht feststellbare Anspielungen
und Begriffsverwandtschaften: es bezeichnet die kriegerische Vielheit, die feindliche Truppe, die Besatzungs-
armee, den römischen Eindringling und vielleicht sogar
auch schon die, die Christus kreuzigen werden. Jetzt
kann der Plural sich entfalten: »denn wir sind viele«
(V, 9). Dieselbe Stimme, die eben noch »heiße ich« ge-

sagt hat, fährt mit »wir sind« fort: sie wird zur Kollektivstimme und überrascht uns mit diesem paradox klingenden *Anakoluth*. Die syntaktische Spaltung läßt aus dem vorhergehenden Subjekt (Singular) ein neues Subjekt (Plural) entstehen. Allerdings finden wir noch einmal das Schwanken zwischen Einzahl und Mehrzahl in V, 10: »Und *er* bat Jesus sehr, daß er *sie* nicht aus der Gegend triebe«. Im nächsten Satz (V, 11) erscheint ein neuer Kollektivsingular (»eine Herde«), aber der Ergänzungszusatz (»Säue«) bestimmt sogleich die Vielheit. Beim zweiten Vorkommen des Verbs »bitten« ist das Subjekt ganz entschieden in der Mehrzahl, obwohl die Identität der Dämonen nur angedeutet wird: »und sie baten ihn und sprachen . . .« (V, 12). Schließlich gibt sich das Subjekt in seiner Eigenschaft als Plural Nominalis und Plural Verbalis bekannt: »Da fuhren die unsauberen Geister aus« (V, 13). Die Austreibung der Mächte des Bösen vollzieht sich – wie man sieht – gemäß den Phasen der äußeren Objektivierung: der gelieferte Name und die fortschreitende Vermehrung sind bereits eine erzwungene *Entweichung* aus der Persönlichkeit des Besessenen. Das Eindringen in die Leiber der Schweine und der Sturz in das Meer sind nur noch eine Ergänzung der nach außen gehenden Bewegung und geben der Befreiung verdeutlichenderen Ausdruck. Das *Ausfahren* aus dem Menschen wird vom *Einfahren* in den anderen Gast gefolgt. Die Vorsilben enthalten einen starken Rudimentärwert und bezeichnen das Übertreten einer Grenze nach außen oder nach innen. Am Ende des Befreiungsprozesses hat sich ein dreifacher Übergang vollzogen:

aus dem Menschen heraus, in die Leiber der Schweine hinein und in die Tiefe des Meeres (V, 13).

Man hat in diesem Text den Nachklang oder das Residuum einer Volkserzählung vom überlisteten Teufel sehen wollen. Wahrscheinlich hat die Tatsache zu dieser Interpretation beigetragen, daß die hier erzählte Geschichte (wenigstens provisorisch) in einer vollkommenen *Rückkehr zur Ordnung* endet, nachdem sie in einer »gestörten« Ausgangssituation begann. Ein Mensch ist durch das Eingreifen einer übernatürlichen Macht aus seiner Gemeinschaft gestoßen worden; die Dämonen haben sich aus ihrem ihnen eigenen Wohnort – dem Abgrund – emporgewagt. Der Held tritt auf, und sein Handeln (hier ist es allein seine wirkungsvolle Gegenwart, denn ein wirklicher Kampf findet nicht statt) hat alles wieder an seinen rechten Platz gerückt: der Mensch bei den Seinen, die Dämonen im Abgrund. Die Geschichte endet also mit der Flucht des bösen Widersachers und mit der Wiederherstellung dessen, was gestört war. Alles beschließt sich oder scheint sich in einer Art zu beschließen, die den so zahlreichen Volkserzählungen innewohnenden Drang zur wiederhergestellten Ordnung vollauf befriedigt. Jesus erscheint als der siegessichere Held; er ist von vornherein der *Stärkere:* das Augenmerk ist nicht auf den Kampf an sich gerichtet, sondern auf die Umstände, die zur Niederlage eines Gegners geführt haben, der für jeden anderen als Jesus durch seine Kraft und seine Bösartigkeit ein Inbegriff des Schreckens gewesen sein würde. So findet man bei Jesus alle Zeichen der Erhabenheit: die gebieterische Anrede, die Frage (beides in direkter Rede), die Einwilligung, in die Leiber der Tiere fahren zu dürfen (in indirekter Rede), sind von äußerster Sparsamkeit. Der Dämon ist da in seiner Rede viel weitschweifiger: bei ihm spürt man die verzweifelten Windungen eines Feindes in Bedrängnis, der immer wieder von neuem um Gnade fleht und der sich selbst vergebens vervielfacht. Jesus, der Held, bezwingt den, den »niemand bändigen konnte« (V, 4). Und überdies enthält die Wiedergutmachung hier noch (wie bei vielen solchen Erzählungen) einen zusätzlichen Gewinn: der geheilte Mensch wird nicht nur den Seinen zurückgegeben, er wird ein Anhänger Jesu, er schließt sich seinem Retter an, so wie in den Volkserzählungen viele aus der Gefangenschaft Befreite dem rettenden Helden den Treueschwur geleistet haben.

Schließlich entspricht die Pluralisation der ausgetriebenen Mächte noch einem gegensätzlichen Prozeß der Individualisierung des befreiten Menschen. Das zweideutige Subjekt, das anfänglich fragt: »Was willst du von mir?« (V, 7), spaltet sich, um dem eindeutigen Plural der unsauberen Geister und gleichzeitig dem Singular eines menschlichen Subjektes, das zu seiner eigenen Wesenheit zurückgekehrt ist, Ausdruck zu geben. Die mit der Austreibung vollzogene *Katharsis* trennt entschieden die Eindringlinge von dem vorher von ihnen bewohnten Wesen. Die gegen sich selbst gerichtete Aggressivität, indem er sich mit Steinen schlug (V, 5), ist auf die Schweine übergegangen, die sich in den Abgrund des Meeres stürzten. Die selbstzerstörerische Gewalt ist *verlegt* worden. Diese dem Wesen nach animalische und vertierende Gewaltsucht kehrt zu ihrem angemessenen Wohnsitz zurück, indem sie in die Leiber der unreinen Tiere fährt.

Besessenheit und Heilung

Die Vollziehung des Exorzismus (sie erstreckt sich über neun Verse) steht im Mittelpunkt der Geschichte vom besessenen Gerasener: sie bewirkt die Veränderung eines Urzustandes, sie ist das »Ereignis« dieser Erzählung, in der Martin Dibelius eine »Novelle« sah: sie ist der Ort der Wandlung. Alles dreht sich um diesen Schwerpunkt. Die Schilderung des Besessenheitszustandes jedoch nimmt die vier vorhergehenden Verse ein, und die sehr bedeutsamen Folgen der Heilung werden in den Versen 15–20 beschrieben.

Der Besessenheitszustand erscheint als das genaue Gegenteil des Zustandes nach der Heilung; und das muß auch so sein, sonst erhielte der Exorzismus ja nicht den vollen Wert einer radikalen Umwälzung und Wiederherstellung. Es ist daher für die Wirksamkeit der Erzählung wichtig, daß die Symptome der Besessenheit und die Zeichen der Heilung so starke Betonung erhalten. Der Evangelist – es spielt hier keine Rolle, ob es sich um einen einzigen Autor oder um eine mit Zusätzen angereicherte Überlieferung handelt – hat es nicht versäumt, den Gegensatz zwischen dem Verhalten des vom Bösen Besessenen und seiner Erscheinung, seinen Gesten und Worten nach der Befreiung hervorzuheben.

Das Leben in den Grabhöhlen (es wird dreimal in V, 2, 3 und 5 erwähnt) ist eins der Hauptmerkmale der Besessenheit: vielleicht ist es eine Anspielung oder ein Hinweis auf den Psalm 68, 7 und Jesaia 65, 4 (»ein Volk ... sitzt unter den Gräbern und bleibt über Nacht in den Höhlen ...«) [2]. Damit ergäbe sich die Möglichkeit, eine vorausgesagte Situation zu erkennen: der Besessene wurde in seinem *Typus* bereits in den kanonischen Schriften dargestellt. Aber diesem vorbestimmten Typus – ein aufrührerisches und daher zur Unreinheit verurteiltes Dasein – fügt der Evangelist noch die in den hebräischen Schriften nur selten erwähnte Besessenheit hinzu. Und hier häufen sich dann die von der Phantasie des Bösen erfundenen Einzelheiten. Wir lesen von zerrissenen Ketten, von zerriebenen Fesseln (sie sind zweimal erwähnt), von Schreien, von selbstzerstörerischer Gewalt und von Nacktheit (sie wird erst im Vers 15 *a posteriori* gezeigt).

Bei genauerer Betrachtung erscheinen all diese Charakteristiken als Zeichen der Außerseitigkeit, des Irreseins, der Verneinung. Schon die den Geist bezeichnende Vorsilbe »un-sauber« (V, 2) betont das Negative. Die Wohnung in den Grabhöhlen stellt in ihrer Beziehung zum Leben und im weiteren Sinne zur Gemeinschaft ein absolutes *Außerhalb* dar. Zudem hat der Besessene auch noch die Bande, die die Gemeinschaft ihm anlegen wollte, dank der von seinem bösen Gast gespendeten

---

[2] Siehe auch John F. Craghan »The Gerasene Demoniac« in *The Catholic Biblical Quarterly,* 30, 1968, S. 529.

Energien zerrissen. Er entzieht sich also der von Menschengewohnheit gewollten »repressiven« Strafe. In gewisser Hinsicht hat er sich von allem Zwang, den das Leben in der Gemeinschaft fordert, »freigemacht«: die Schreie sind eine Ausdrucksform, die zu keiner herkömmlichen Sprache gehört; die »natürliche« Nacktheit ist eine Ablehnung der »kulturellen« Konvention des Kleidertragens. Nur aber sind diese vollkommene Außerseitigkeit, diese Unabhängigkeit in der Nicht-Beziehung, diese gewollte Selbstverbannung in die Wildnis hier keinesfalls Bilder der Freiheit, sondern sie werden als die Symptome der schlimmsten Knechtschaft beschrieben: das Beherrschtsein durch den Herrn des Bösen, gegen den kein Widerstand möglich ist. Die Freiheit des wilden Wahns ist eine Freiheit für nichts, und dieses Nichts ist eben der Dämon. Die Schläge, die sich der Besessene mit den Steinen zufügt, zeugen von einem Willen zum Tode – durch Selbststeinigung –, aber dieser Wille zum Tode ist dazu verurteilt, sich immer wieder pausen- und wirkungslos zu offenbaren, denn der in den Grabhöhlen wohnende Mensch gehörte ja schon zum Reich des Todes. Er ist nur ein noch lebender Toter. Und außerdem ist sein ganzes Handeln nur eine sinnlose Unruhe: es ist ein Irrweg ohne Richtung und Zweck, der in seiner Beziehungslosigkeit keine Zielverwandtschaft mit irgend etwas anderem sonst erkennen läßt. So ist es verständlich, daß die Nicht-Beziehung, die in den ersten Worten des Besessenen sichtbar wird: »Was willst du von mir?« oder wörtlich »Was ist zwischen dir und mir?« (V, 7) die fast vollständige Auslöschung eines klar erkennbaren *Subjekts* zur Folge hat. Der Mensch ist zum Spielzeug der bösen Macht erniedrigt worden.

Der Zustand des geheilten Mannes wird uns zuerst vom »Blickwinkel« der herbeigeeilten Menge von Stadt und Land aus beschrieben: ».. . und sahen den, der von den unsaubern Geistern besessen gewesen war, wie er dasaß und war bekleidet und vernünftig, und fürchteten sich.« (V, 15). Jedem der adjektivischen, den vollzogenen Wandel beschreibenden Wörter kann man ein Symptom der Besessenheit entgegenhalten. »Dasaß« steht im Gegensatz zum wilden »entfesselten« Laufen zwischen Grabhöhlen und Bergen (V, 5); »bekleidet« läßt – wie schon erwähnt – *a posteriori* das vorherige Nacktsein erkennen, das als Zeichen der Besessenheit gewertet werden muß: hier genügt der eine Teil des gegensätzlichen Wortpaars, um den Wandel aufzuzeigen; »vernünftig« erscheint hier wie eine Synthese, die den grundsätzlichen Kontrast zum früheren Verhalten betont: dieses Wort »vernünftig« steht insbesondere zu »schrie und schlug sich mit Steinen« (V, 5) im Gegensatz. Diesen unmenschlichen Schreien stellt sich außerdem die demütige Bitte an Jesus entgegen, ihn bei sich aufzunehmen: »Und da er in das Schiff trat, bat ihn der Besessene, daß er bei ihm bleiben dürfte« (V, 18). Der Besessene hat nicht nur die menschliche Sprache wiedererlangt; er wendet sich mit einer Bitte an Jesus – wie er es schon vorher getan hatte, als der unsaubere Geist aus ihm sprach (der Evangelist verwendet in beiden Fällen das gleiche Verb »bitten«) – aber dieses Mal fleht er nicht um die Gnade, Jesus entkommen zu dürfen, sondern möchte der Ehre teilhaftig werden, ihm nachzufolgen. Die wiedergefundene Sprache nimmt noch an Bedeutung zu, denn von nun an gehorcht seine Rede dem Befehl Jesu: »Verkündige ihnen, wie große Wohltat dir der Herr getan und sich deiner erbarmt hat« (V, 19). Die Distanz zwischen den wilden Schreien und dem verkündigenden und predigenden Wort könnte nicht größer sein. Von jetzt an wird der Gerasener, der seine Identität und den Gebrauch der Sprache zurückerlangt hat, dem Beispiel Jesu folgen und die bürdevolle Ehre auf sich nehmen müssen, als »Singular« dem »Plural« seiner Zuhörer, zuerst seiner Familie und dann den Bewohnern der gesamten Dekapolis, gegenüberzustehen. Das Wort ist ihm wiedergeschenkt worden, aber es rückt ihn in die asymmetrische Beziehung des Erzählers zu seinen Zuhörern, so wie es die didaktische Situation erfordert. Und noch eine entscheidende Umkehrung: der Mensch, »der seine Wohnung in den Grabhöhlen hatte«, wird nun auf das Geheiß Jesu »in sein Haus zu den Seinen« gehen. Die Verbannung aus der Gemeinschaft ist somit aufgehoben: der zu seiner persönlichen Identität Zurückgekehrte kann nun wieder in seinem Hause leben und mit den »Seinen« Umgang pflegen. Er zieht aus seiner Wohnung des Todes in eine des Lebens. Aber er wird von dem, was ihm geschehen ist, gekennzeichnet bleiben: er war derjenige, den man nicht zu fesseln vermochte, der lange Zeit dort draußen, in der Außerseitigkeit des Teufelswahns verbracht hatte. Seine plötzliche Rückkehr zur Vernunft ist die Umkehrung eines Zustandes, an den seine Landsleute sich gewöhnt hatten und dessen Veränderung ihnen

Furcht einflößt (V, 15); was er ihnen zu berichten hat, löst Verwunderung aus (V, 20). Auch darin liegt eine Umkehrung: er, den die anderen mit Ketten und Fesseln in ihre Gewalt zu bringen versuchten, übt nun – nach seiner Befreiung – auf sie einen Einfluß aus.

Die Verse 19–20, in denen Jesus dem Mann einen im Imperativ gehaltenen Befehl erteilt, den er dann auch genauestens ausführt, sind ein sehr deutliches Beispiel für die vorausbestimmende Beziehung zwischen Wort und Ausführung. Der Mensch führt getreulich aus, was Jesus ihm *gesagt* hat. Aber nichts im Text läßt diese Beziehung etwa als einen Zwang erscheinen. Es ist zwar in den Evangelien üblich, daß die Geheilten sich in ihrem Glauben zu Jesus bekennen, aber es wäre ein Irrtum, auch nur einen Augenblick lang anzunehmen, daß Jesus, der die Menschen von Krankheiten oder Dämonen befreit, nun von ihnen Besitz ergreift oder sie sonstwie in seine Macht vereinnahmt. Im Falle des besessenen Geraseners ist der Bericht äußerst karg: er sagt nicht, ob der Mann ein *freier* Jünger Jesu sein wird. Höchstens erlaubt uns die Lektüre des Textes die Feststellung, daß der Geheilte von sich aus bittet, Jesus folgen zu dürfen, und daß er in spontanem Gehorsam den Einwohnern der Dekapolis die Geschichte seiner wundersamen Heilung erzählen wird. Der Unterschied zwischen Jesus und dem Dämon liegt nicht nur in ihrem Wesen, in der Gegensätzlichkeit der Mächte des Bösen zu der Macht des Guten; er liegt auch in der *Art*, in der jeder von beiden seine Macht ausübt. Der Dämon *bewohnt* seine Opfer, er nistet sich in sie ein, dringt in die Innerlichkeit ihrer

Körper, die er zu seinen Werkzeugen macht: die dämonische Besessenheit, wie sie hier dargestellt wird, bietet einige Analogien zu jenen »Rasereien« oder »Verzückungszuständen«, denen die griechische Gedankenwelt keinesfalls immer einen negativen Charakter zuweist. Die Überlegenheit Christi hingegen ist prophetischer Natur; sie drückt sich nicht durch eine Besitzergreifung des Innern aus: sie beruft sich auf das Geheiß ihrer *Anrede*. Sie will *gehört* werden und zur Entscheidung treiben. Sie wirkt also von außen her, sei es, um Dämonen zu vertreiben oder um den Gerasener aufzufordern, zu den Seinen zurückzukehren. Jesus stellt sich ihm gegenüber, aber bewahrt eine Distanz: die Distanz, die man braucht, um an jemanden das Wort zu richten, um ihn anzusprechen.

Der erkannte und der verkannte Jesus

Wir sahen, wie der Besessene sich sofort an Jesus, nach dessen Ankunft, wendet und ihn mit vollem Namen anspricht: »Jesus, du Sohn Gottes, des Allerhöchsten« (V, 7). Dagegen bitten die Gerasener Jesus, trotz der Zeugenberichte und alles dessen, was sie mit eigenen Augen gesehen haben, ihr Land zu verlassen (V, 17). Sie haben ihn nicht erkannt. Dieser Gegensatz zwischen Erkennen und Nichterkennen fordert heraus zu der Frage: Wer erkennt Jesus? Es sind die, die eine Sehergabe besitzen: zu Beginn des Markus-Evangeliums sind es nacheinander Johannes der Täufer, der Besessene der Synagoge von

Kapernaum (I, 24) und schließlich die »unsaubern Geister«, die ihn als Gottes Sohn anreden (III, 11). Übrigens scheint Jesus Wert darauf zu legen, unerkannt zu bleiben: »Und er bedrohte sie hart, daß sie ihn nicht offenbar machten« (III, 12). Markus stellt Jesus also zwar als den Verkündenden und Heilenden dar, der aber nicht wünscht, voll erkannt zu werden. Selbst die Jünger werden über seine geistige Identität im Zweifel gelassen. Seine Angehörigen (III, 21) oder seine nazarenischen Landsleute (VII, 1–6) sehen ihn nur in seiner irdischen Person: sie verkennen völlig die göttliche Eigenschaft seiner Person und seiner Lehre.

Stellen wir uns eine weitere Frage: wie wirkt sich der Widerstand gegen die Zentralfigur dieses Jesus aus? Wer übernimmt ihm gegenüber die Rolle des *Gegners?* Der Bibeltext vom besessenen Gerasener erlaubt uns die Antwort: zuerst ist es der Dämon, dann aber sind es die Bewohner des Landes, die Jesus bitten, »daß er aus ihrer Gegend zöge« (V, 17). Hier entspricht also das *Nichterkennen* in der Welt der Menschen der eindeutigen Gegnerschaft der dämonischen Mächte in der Welt des Geistes (das Verkennen oder Nichterkennen könnte demnach als das auf den Menschen übertragene Bild der Feindschaft des Dämons gelten).

Prüfen wir jedoch genauer, wie Jesus auf diese beiden Widerstände reagiert. In diesem Bibeltext vom besessenen Gerasener stellt sich Jesus den Dämonen entgegen; er beschwört sie, er vertreibt sie und geht aus dieser Begegnung mit dem Feinde als Sieger hervor. Der Gegner ist vor ihm zurückgewichen und hat sich in sein eigenes

Verderben gestürzt. Dennoch wird dieses Ereignis, über das der Evangelist in voller Kenntnis der Zusammenhänge berichtet, von den Gerasenern keinesfalls als ein Wunder an Wohltat betrachtet: sie fürchten sich (und man könnte glauben, ihre Furcht sei in den Augen des Evangelisten von der gleichen Art wie die der Schriftgelehrten, die in Markus III, 22 vermuteten, Jesus habe den Beelzebub und treibe die bösen Geister aus durch ihren Obersten). Jesus hat zwar den Kampf mit dem Dämon aufgenommen und ihn vollauf besiegt, aber dem menschlichen Gegner leistet er nicht den geringsten Widerstand. Er kehrt wieder heim und läßt den von der Besessenheit Geheilten allein inmitten seiner ungläubigen Landsleute zurück. Jesus hat seinen ersten Gegner besiegt (und dieser Sieg bestätigt seine göttliche Mission), aber andrerseits ist ein *Widerstandsrest* zurückgeblieben, eine Feindseligkeit, die sich nicht überwinden läßt und die Jesus übrigens auch nicht zu überwinden versucht.

Mir scheint, daß sich diese Feststellung nicht allein auf die von uns untersuchte Bibelstelle beschränkt. Prüfen wir die unmittelbar vorangehende (IV, 35–41), die den während der Überfahrt tobenden Sturm schildert: die Naturgewalt bringt das Schiff in Gefahr. Jesus wird von den verängstigten Jüngern aus dem Schlaf geweckt, und er beruhigt den Sturm sogleich. Der scheinbar schwache und teilnahmslose Jesus übt kraft seines Wortes eine unwiderstehliche Herrschaft über die Elemente aus, die ihm alsbald gehorchen. Auch hier also ein bezwungener Widerstand: »Und der Wind legte sich, und es ward eine große Stille.« Die Jünger haben es an Glauben mangeln lassen: sie sehen Jesus nur dem Namen nach als »Meister«. Das von ihm vollbrachte Wunder erregt keine Anerkennung, sondern »sie fürchteten sich sehr«, (und der Evangelist verwendet hier dasselbe Verb, mit dem er die blinde Angst der Gerasener bezeichnet: ». . . und sie fürchteten sich« VI, 41). Die wahre Identität Jesu bleibt für seine Jünger eine offene Frage: ». . . und sprachen untereinander: Wer ist der? Selbst Wind und Meer sind ihm gehorsam!« (VI, 41). Diese Worte, denen ich eher einen fragenden als einen ausrufenden Sinn zuteilen würde, geben zu verstehen, daß die Jünger noch nicht fähig sind, die »wahre« Natur der von Jesus ausgeübten Macht zu erkennen. Der Erzähler selbst legt sich allerdings diese Kenntnis zu und kann daher den Gegensatz des *bezwungenen Widerstandes* (in diesem Falle sind es die Naturelemente) zum *unbezwungenen Widerstandsrest,* der im Bewußtsein der Menschen liegt, stärker zum Ausdruck bringen. Das Paradox dieser Erzählung ist, daß der Held zwar seine natürlichen (Wind, Sturm, Krankheiten) und übernatürlichen (Dämonen) Gegner besiegt, aber nichts gegen den von den Menschen geleisteten Widerstand unternimmt.

Nun haben wir es immerhin mit einem *Bericht* zu tun, und der würde wohl ins Stocken geraten, wenn nicht immer wieder neue »Prüfungen« aufträten. Der Widerstandsrest, die stets neu erscheinende Feindseligkeit tragen zur Kontinuität des Berichtes bei. Und da es ja hier um das Schicksal aller Menschen geht, ist die Kontinuität des Berichtes auch die der Geschichte schlechthin.

Das Weichen jeglichen Widerstandes gegen Jesus wäre die absolute Stille, das Verschwinden sämtlicher Mächte des Bösen, das Ende der Zeiten, die Unterwerfung und Rückführung aller Dinge in die göttliche Ordnung – kurz, die *sichtbare* Erfüllung aller seitherigen Prophezeiungen. Es ist die Aufgabe des Evangelisten, die *Ankunft* des Messias zu verkünden und gleichzeitig zu zeigen, wie der während seiner irdischen Laufbahn errungene Sieg nur erst vorläufig war und spätere, durch immer wieder neu auflebende Widerstände notwendig werdende Siege sinnbildlich vorausverkündete. So gibt es gleichzeitig eine beträchtliche Anzahl von Beweisen für die Göttlichkeit Jesu und ebenso viele Hindernisse, die der vollen Befriedung der Welt im Wege stehen und sie in die Zukunft, in eine Perspektive der Hoffnung rücken. Der Widerstand streckt nie völlig die Waffen: er verlagert sich auf immer wieder andere Verteidigungslinien; er weicht nach dem Prinzip des »elastischen Rückzugs«, nimmt stets wieder neue Formen an – verwandelt sich so oft wie nötig, um Zeit zu gewinnen und um die Erwartung, daß das Böse endgültig verschwinde, aufzuhalten.

Die Bibelstelle, deren Analyse wir skizzierten, beteiligt uns an einer siegreichen Ausbreitungsbewegung: einer Ausbreitung im objektiven Raum, auf dem Boden eines fremden Landes, einer Ausbreitung des göttlichen Wortes, das die Mächte des Bösen verjagt und ihren Gefangenen befreit. Das Unheil der Schweineherde mag in diesem Sinne – wie erwähnt – als die vorausgenommene *Figur* des Sturzes der aufrührerischen Engel erscheinen. Aber es ist eben nur eine Figur und ein Versprechen. Denn die Ausbreitungsbewegung wird durch den Unglauben der Gerasener gehindert: die Bewegung kehrt sich um. Der als unerwünscht verwiesene Jesus macht sich auf den Heimweg: er überläßt dem »bekehrten« Besessenen die gefahrvolle Aufgabe der Opposition.

Wir finden diese Struktur auch auf anderen Ebenen. Betrachten wir den Bericht der irdischen Sendung Jesu in seiner Gesamtheit, so beschreibt er die expansive Bewegung einer Wahrheit, die den Körper heilt und die Seele gewinnt: der Rückstand menschlicher Feindseligkeit bereitet Jesus daraufhin den Prozeß und führt zu seiner Passion. Jesus entzieht sich dem allen ebenso wenig, wie er sich der Gastfeindlichkeit der Gerasener entzogen hatte.

Die Auferstehung Jesu bildet wiederum einen Sieg über den grausamsten aller Widerstände: Jesus ist stärker als der Tod. Aber sogleich tritt seinerseits wieder der Bodensatz menschlich-irdischer Opposition zutage. Jesus sendet die Apostel »in alle Welt hinaus«, sieht aber bereits den Widerstand und die Verdammung jener voraus, die da nicht glauben: »Und er sprach zu ihnen: Gehet hin in alle Welt und prediget das Evangelium aller Kreatur. Wer da glaubet und getauft wird, der wird selig werden; wer aber nicht glaubet, der wird verdammt werden [3].« (Markus XVI, 15–16)

---

[3] Es sei jedoch darauf hingewiesen, daß dieses Zitat aus dem Epilog des Markus-Evangeliums stammt, der heute nicht mehr als authentisch betrachtet wird.

Eine Eschatologie, die die ewige Trennung der Erwählten von den Verdammten voraussieht, projiziert so
diesen Rest von Feindseligkeit bis ans Ende aller Zeiten
und läßt durch ihr Strafgericht keine Verschmelzung in
eine Einheit zu. Könnte dagegen eine Eschatologie, die
die Versöhnung aller Kreatur verspricht, ihrerseits den
Begriff der Widersächlichkeit völlig aufheben? Ich
glaube es nicht. Um das *Ende* der Zeiten zu verkünden,
da alle Dinge (das Böse und die Bösen inbegriffen) zu
Gott zurückkehren, muß man um so mehr auf die Hindernisse der *Gegenwart* hinweisen, die sich solcher Rückkehr in den Weg stellen und die Fortdauer des Bösen
zu erhalten versuchen. Gerade die mit der brennendsten
Hoffnung auf die Freuden der Ewigkeit beladenen
Theologien brauchen ein Konzept, das ihnen gestattet,
die Menschen zur Geduld anzuhalten und ihnen zu erklären, welche bösen Einflüsse sie noch vom versprochе-
nen Glück abhalten (das gilt auch für gewisse Formen
des politischen Glaubens, die nur verweltlichte Theologien sind). Um diesem Bodensatz von Feindseligkeit Gestalt zu geben, mußte der Antichrist erfunden werden.
So kann man jeder Form von Opposition (Unglauben,
Ungehorsam, Gewalt usw.) jenen dämonischen Charakter zuschreiben, den sie in unserem Text einnimmt. Und
in der Folge der Zeiten wird der Kampf mit dem vom
Dämon besessenen Widersacher den Exorzisten anvertraut, sofern die Versuchung, ihn mit dem Schwert zu
bezwingen, nicht stärker ist.

Gleichnishafte Auslegung

Die Vorwegnahme einer Bibelstelle ist keine straflose Tat. Natürlich kann man immer die Analyse bequem auf ein bei getrennter Untersuchung klar abgegrenztes, scheinbar in sich abgeschlossenes erzählerisches Fragment beschränken. Aber bei einem solchen Vorgehen erschiene der gesamte Text, als sei er aus einer Reihe von Episoden zusammengesetzt, zunächst unabhängig voneinander und dann aneinandergeflickt. Die Episode (hier die Bibelstelle) wäre dann wie eine wesentliche Einheit, deren einmal dargelegte Struktur und »Funktion« sich in derselben oder einer entsprechenden Weise in allen anderen erzählerischen Abschnitten wiederholen. Wir dürfen jedoch dem untersuchten Text keine Sperrketten an beiden Enden anlegen. Die Abgrenzung muß jederzeit relativiert werden können. Das haben wir bereits bei der Betrachtung der Bibelstelle vom beruhigten Sturm getan. Folgen wir jetzt dem Text noch weiter zurück und betrachten wir Markus IV, 1–34 und was dort über die Lehre in Gleichnissen gesagt wird. Lesen wir diese Worte Jesu (die ganz offensichtlich an Jesaja VI, 9–10 erinnern): »Und da er allein war, fragten ihn die um ihn waren, samt den Zwölfen, über die Gleichnisse. Und er sprach zu ihnen: Euch ist das Geheimnis des Reiches Gottes gegeben; denen aber draußen widerfährt es alles durch Gleichnisse, auf daß sie es mit sehenden Augen sehen und doch nicht erkennen und mit hörenden Ohren hören und doch nicht verstehen, auf daß sie sich nicht etwa bekehren und ihnen vergeben werde« (VI, 10–12).

Jesus trennt seine Zuhörer in zwei Gruppen und spricht von *Euch* und *denen draußen.* Die Gegenüberstellung *drinnen–draußen* ist sofort erkennbar. Und wenn Jesus sagt: »Wer Ohren hat, zu hören, der höre!« (Markus IV, 9), tritt dieselbe Gegenüberstellung in der Form auf: *Wer Ohren hat – wer keine Ohren hat.* Die Lehre in Gleichnissen scheint hier einen einschränkenden und defensiven Charakter anzunehmen: sie ist denen verwehrt, die keine Ohren haben, und sie verschließt ihnen gleichzeitig damit den Weg des Heils. Wo die Lehre sich des Gleichnisses bedient, handelt es sich keinesfalls etwa um das pädagogische Bemühen, die Wahrheit bildlich darzustellen, sondern viel eher um ein Mittel, die Zahl der Erwählten zu begrenzen: wer kein Verständnis hat, muß draußen bleiben. Man könnte sogar vermuten, daß die Lehre in Gleichnissen diese Trennung vorgenommen habe, um sich einen Oppositionsfaktor, eine Nichtannahme der Botschaft zu sichern. Denn um so größer ist dann das Verdienst derer, die den gesamten Sinn erfaßt oder die Jesus das Gleichnis *übersetzen* gehört haben. So ist im Gleichnis vom Sämann mit dem *Samen* das *Wort* gemeint. In der Beschaffenheit des *Bodens,* auf den der Samen fällt, ist in diesem Gleichnis die *innere Einstellung* der Zuhörer zu verstehen. Die *Vögel,* die die Saat vertilgen, sind ein Bild des *Satans* usw.

Nach dem Gleichnis vom Sämann und der von Jesus gegebenen Übersetzung verläuft alles, wie wenn die Nichtannahme der Botschaft äußeren, außerhalb der Botschaft selbst liegenden Ursachen zuzuschreiben wäre; die Schuld liegt am Boden, auf den die Saat fällt, d. h.

bei der Seele des Angesprochenen: Verhärtung oder Unbeständigkeit, »Sorgen der Welt« und das Eingreifen des Satans. Aber gemäß der »Theorie« des Gleichnisses, wie Jesus selbst sie entwickelt und wie wir ihr eben folgten, verläuft alles auch, als sei die gleichnishafte Form eigens dazu auserwählt worden, um die, die den bildlichen Sinn *begreifen*, von denen, die über den wörtlichen Sinn nicht hinausgelangen, zu scheiden. Das Prinzip der Auswahl herrscht also sowohl in der der *Botschaft* gegebenen Form als in der Fähigkeit des Zuhörens vor, das ihm jeder *Angesprochene* entgegenbringt.

Das Gesetz des Gleichnisses fordert eine *Vertauschung* der Vokabeln, dank derer eine Erzählung, ohne ihre syntaktische Struktur einzubüßen, sich von einer Ebene auf die andere verlegt: hier vom Agrarbegriff (das Säen des Samens) auf den des Didaktischen (die Verbreitung des Wortes): der Sämann wird so zur Figur des göttlichen Meisters. Verstehen heißt, alle Vertauschungen vorgenommen, einer zweiten Rede die Bahn geöffnet zu haben: die zweite Rede macht die erste zu einer vorausbestimmenden Formulierung, zu einer unvollständigen Analogie, einer kryptischen Vorlage: sie ist sowohl Tarnung (für die, welche die jenseits ihres Auffassungsvermögens liegenden Vertauschungen nicht vornehmen können) wie Zugang zum »Mysterium« (für die, welche den Wechsel in die bisher verborgene Ebene vollzogen haben).

Hier wird sich der Interpret eine Reihe von Fragen stellen. Die erste betrifft den Begriff des *Übergangs* vom »wörtlichen« ins »bildliche« Register, oder – wenn man will – den erklärenden Begriff der Auslegung des eigentlichen Sinns (den das Verbum »auslegen« bei Markus IV, 34 ausdrückt: »aber wenn sie allein waren, legte er seinen Jüngern alles aus«). Dieser Übergang von einer Ebene zur andern, diese plötzliche Verlegung des *Ortes* der Rede an einen anderen Ort, diese an das Prinzip des Erwähltseins und des Heils gebundene Bewegung weist eine tiefe und wesentliche Ähnlichkeit mit allen Darstellungen des Übergangs und des Überschreitens auf, die uns bereits in der Bibelstelle vom besänftigten Sturm und in der des Besessenen von Gerasa aufgefallen sind. Die Reise Jesu, die aufeinanderfolgenden Kundgebungen seiner geistigen Macht sind ebenso viele »Ortsveränderungen« von offenbarendem Wert. Überall begegnen wir dem Schema des »entscheidenden Schritts«: die Überfahrt vom einen Ufer zum andern, der Übergang von der entfesselten Gewalt zur Stille (in der Stelle vom Sturm), von der Besessenheit zur wiedergefundenen Vernunft, von der Unwissenheit zum Glauben (in der Stelle vom Besessenen), vom Nichtverstehen zum Verstehen (in der »Theorie« des Gleichnisses). Jeder dieser Übergänge bezeichnet ein auftretendes Ereignis. Für den Evangelisten besteht die Verkündung des Heils in einer vielfachen Aneinanderreihung zusätzlicher Figuren: Figuren des entscheidenden *Austretens* (aus Knechtschaft, Illusion, Krankheit, Besessenheit, Blindheit etc.) und des *Eintretens* (in Gesundheit, Glauben, Vernunft). Jesus ist zuerst der »Held«, der diesen Übergang vollbringt, und überdies ist er der, durch den die Menschen ihrerseits in ein neues Leben gelangen – in ein ˥eben, das der Wahrheit entspricht. (Das zugrundeliegende Modell sind das jüdische Osterfest und der Exodus.)

Die Geschichte vom Sämann ist ein Gleichnis. Aber erhellt die von Jesus in seiner Lehre dargelegte »Theorie« des Doppelsinnes nicht auch durch ihre Nachbarschaft im Text den ganzen vorangehenden und folgenden Bericht? Sind wir nicht versucht, Jesus selbst und die Taten, die die Erzählung ihm zuschreibt, als Gleichnis zu sehen? Wir vermuten die Möglichkeit einer parabolischen Lektüre nicht nur in der ausdrücklich in der Form des Gleichnisses erteilten Lehre, sondern in allem, was uns erzählt wird. Dazu genügt es, anzunehmen, daß der das erzählende Wort Jesu charakterisierende Doppelsinn auch dem erzählenden Wort des Evangelisten innewohnt. So würde das gesamte Evangelium zu einer »wörtlichen« Rede, die für die meisten ihrer Termini eine »geistige« Vertauschung oder Unterschiebung erforderte. Dann wären die von Jesus beschrittenen Wege, die Personen, denen er begegnet, die besiegten Gegner, die immer wieder aufs neue auftauchenden Widersacher neben ihrer unmittelbaren Bedeutung von einem zusätzlichen Sinn gekennzeichnet. Aber von welchem Sinn? Der Sinn läßt sich jedes Mal auf das ganze Universum, auf den gesamten Kosmos erweitern. Die allegorische oder anagogische Lektüre würde die Bedeutung jeder Episode auf die Dimension eines die Schöpfung in ihrer Gesamtheit betreffenden Ereignisses ausdehnen. Die Besänftigung des Sturms, der vertriebene Dämon würden uns auch den kommenden Frieden über alle Dinge verkünden. Die parabolische Lektüre gestattet jedoch ebenfalls, das Ereignis in die Tiefen einer Subjektivität zu verlagern, und jeder Leser kann das auf sich anwenden: von der erzählerischen Oberfläche gelangt er dann in die Tiefen eines psychischen Ereignisses. Da erscheint nicht mehr das Heil der Welt, sondern das Heil des individuellen Sünders als die letzte Bedeutung der Erzählung. In dieser »parabolischen« Lesart wird der Bericht zur Allegorie eines moralischen Dramas, und die vertauschten Vokabeln sind dem Gemütsleben entnommen. Der von Jesus besänftigte Sturm könnte der Sturm der Leidenschaften sein. Die Feder des Cornelius Jansen oder des Paschasius Quesnel gleicht den den Gerasener quälenden Dämon der fleischlichen Lust, der Schamlosigkeit, dem ausschweifenden Sexualtrieb an – eine »verstiegene« Auslegung des Textes, die mittels allegorischer Verschiebung nur eine Knechtschaft durch eine andere ersetzt. Jetzt geht es nicht mehr um die Gesamtheit der Welt, sondern um die Gesamtheit der Seele [4]. Sobald diese moralische Bedeutung jedoch in Erscheinung tritt, spürt man, wie sich die Geschichtlichkeit des Berichts verwischt. Nun ist es keine Episode der irdischen Sendung Jesu mehr, keine Phase seines Lebens in seiner Zeit: es ist ein zeitenloser Sieg geworden, den sich jeder Mensch zu eigen machen kann, um sich von seinen irdischen Qualen zu befreien. Vom Ereignis, das sich zu be-

---

[4] Hier sei auf E. Cassirer, *Philosophie der symbolischen Formen* (2. Aufl. Oxford 1954, II, 307–308) und auf H. de Lubac, *Exégèse médiévale* (4 Bände, Paris 1959 bis 1964) hingewiesen.

stimmter Stunde eines bestimmten Tages zur Zeit des
Herodes auf dem östlichen Ufer des Sees von Tiberias
abgespielt hat, bleibt nun nicht mehr viel übrig: hier
wird – wie man sieht – die Rücksicht auf die Gegenwart
des »menschgewordenen« Jesus, seinen Wandel auf
Erden, seine menschliche Realität beiseite gestellt. In
Wirklichkeit will aber der Bericht des Evangelisten in
aller Einfachheit und Kraft seine fühlbare Gegenwart
darstellen und behaupten: Jesus durchwandert wohl-
bestimmte Orte, nimmt am täglichen Leben der Menschen aus allen Schichten teil; auf dem Schiff schläft er
ein und bettet seinen Kopf auf ein gewöhnliches Kissen,
wie es deren Unzählige gibt. Aber in jeder dieser Episoden ist Jesus zwar *noch* geschichtlich gegenwärtig, ist
aber *schon* der Sohn Gottes, der Heiland, der Gekreu-
zigte. Die Gleichzeitigkeit der beiden »Naturen« Christi
bestätigt die Gleichzeitigkeit, das Übereinanderpassen
des geschichtlichen (wörtlichen) und des geistigen Sinnes.
Kurz, das Gleichnis ist nicht nur eine Form der Lehre,
es ist wesentlicher Bestandteil einer Theologie. Auf der
ersten Ebene des Textes (der fühlbaren, historischen,
wörtlichen Bedeutung) finden wir die Mensch gewor-
dene Existenz und ihren zeitlichen Ablauf. Aber diese
Ebene ist so strukturiert, daß sich hinter ihrem syntag-
matischen Ablauf und den Austauschmöglichkeiten ihrer
angemessenen Beispielhaftigkeit eine zweite Ebene auf-
tut, auf der sich deutlich das Ereignis des *Zeitenendes*,
das Reich Gottes, das ewige Heil und das *letzte* Gericht
abzeichnen. Man errät, daß diese erste Ebene sich bis
zum äußersten verändern und eine Vielzahl von Episo-

den in Erscheinung bringen läßt: aber jede dieser Episoden wird immer nur eine andere »Illustration« desselben Grundgedankens sein – sie kann verwandte Einzelheiten enthalten, die sich auf verschiedene materielle Umstände beziehen, aber sie wird auf ein unverändertes geistiges und strikt notwendiges Ziel hinweisen. Alle Gleichnisse sagen dasselbe aus; sie verweisen auf das Reich Gottes, auf die gleiche Eschatologie, auf denselben *entscheidenden Schritt.* Gleichzeitig wird dadurch eine endlose Serie von Nebenhinweisen von einer Bibelstelle zur anderen, von einem historischen Ereignis zum anderen möglich. Sie entsprechen sich in ihrer gemeinsamen Beziehung zu einem gemeinsamen eschatologischen Sinn, in ihren gegenseitigen Berufungen und der Möglichkeit für uns, die eine durch die andere auszulegen (und eine solche Lektüre kann sich ohne weiteres auch auf das Alte Testament erstrecken). Demnach kann jede einzelne Stelle sowohl als Ankündigung des Kommenden wie als die Besinnung auf das bereits Geschehenen gelten. Was wir hier feststellen, kann man als die Beziehung zwischen der ewigen *Einheit* im eschatologischen Sinn und der *Vielfalt* der historischen Beispiele, in denen sie sich ausdrückt und wiederholt, formulieren. Wir haben jedoch schon einmal die Beziehung von *Einheit* und *Vielfalt* angetroffen. Sie drückte sich in der Gegenüberstellung von Jesus und der Volksmenge und seinen Jüngern, von Jesus und der Legion und schließlich vom Gerasener und den Bewohnern der Dekapolis aus. Alles scheint sich zu vollziehen, als verdopple sich das Verhältnis zwischen den Personen des Dramas (innerhalb einer jeden Episode) und den Sinngebungen (die vielzählige Gesamtheit der Episoden ist von dem Sinn beherrscht, dem sie alle zustreben). Alles vollzieht sich, genauer gesagt, als verdeutliche sich der *dramatische* Bezug durch einen verwandten *semantischen* Bezug: die Vielheit der Bibelstellen in ihrer gemeinsamen eschatologischen Bedeutung entspricht der Vielheit der Menschen, die die eigentliche oder mögliche Zuhörerschaft Jesu ausmachen. Daraus entspringt eine neue Möglichkeit des Austausches: Jesus kann nacheinander als eine offenbarende und heilende *irdische Präsenz* und als ein unveränderlicher und wahrhaftiger *überirdischer Sinn* erscheinen.

Nichts von alledem ist dem Evangelisten fremd. Er spricht in voller Kenntnis der geschichtlichen Tatsachen und des letzten Endes, das sie alle voraussagen; er kennt die geistige Identität Jesu, und er weiß, in welch unvollkommener Art die Menschen sie gesehen haben. In Wahrheit besitzt er eine *doppelte Wörtlichkeit:* er erzählt das Gleichnis so, wie es alle gehört haben, aber er kennt es auch in seinem geistigen Sinn, den nur die Jünger aus dem Munde Jesu erfahren haben. In der geistigen Wahrheit ist Jesus der »liebe Sohn« Gottes (Markus I, 11): Jesus wendet sich an die Menschen und gibt seiner Rede die von der Inkarnation bedingte Form: er *steigt herab* in die Metapher, in den bildhaften Ausdruck, um die Geschichte vom Sämann zu erzählen. Für den Zuhörer hat die Geschichte zunächst einen wörtlichen, einen irdischen Sinn, von dem aus er sich zum geistigen

Sinn *erheben* muß: dem Abstieg des göttlichen *Wortes* in die Trope, wo es sich verschleiert, muß der anagogische Aufstieg des *Zuhörens* entsprechen. Nur der hat den Glauben, der durch das Zuhören bis zur Quelle aufsteigen kann, von wo das Wort zu ihm herabgestiegen ist. Erst dann wird das Zuhören ein Weg zum Heil, wenn der Hörer sich von der Vielheit loslösen und die ihm durch den Verlauf seines eigenen Lebens auferlegte Prüfung bestehen kann (und dieser Verlauf spiegelt sich symbolisch in dem in Bibelabschnitte gegliederten Bericht), um endlich in der unerschütterlichen Wahrheit Ruhe und Gewißheit zu finden. – Aber nicht alle haben Ohren, zu hören. Es sind viele, die nie über den wörtlichen Sinn des Bildes hinauskommen und nicht fähig sind, das »Mysterium« zu entziffern. Wir haben erwähnt, daß das Prinzip der Auswahl schon in der Form der gleichnishaften Offenbarung zu erkennen ist, denn ihre rätselhafte Natur trennt die Zuhörerschaft in zwei Gruppen, je nachdem, ob der »zweite« Sinn erfaßt oder nicht erfaßt worden ist. Das ergibt die Möglichkeit der Opposition: denn der Widersacher ist vor allem der, der sich an die irdische Wörtlichkeit klammert und in Jesus nur einen Menschen wie alle anderen sehen will. Ihm gibt sich Jesus nicht zu erkennen. Der eschatologische Sinn mag dem Evangelisten noch so bekannt sein, dennoch ist das Ende der Zeiten so lange aufgeschoben, wie die Opposition besteht. Wenn jedoch diese Opposition die Form der Kreuzigung annimmt, fällt ihr eine wichtige Rolle im Maßhalten des Heils zu. Es ist nötig, daß es Menschen gibt, die nicht hören, es ist nötig, daß viele den wahren Sinn des Bildes nicht begreifen . . . Der Abstieg des *Wortes* in die gleichnishafte Form ist also der Weg der Offenbarung – der einzig möglichen Offenbarung der Wahrheit auf Erden –, und gleichzeitig ist es die Art und Weise, auf die der Wille des Gottessohnes heimlich den Widerstand gegen sich schürt, auf daß »die Schrift erfüllet werde« (Markus XIV, 49), womit aber der Endsieg auf unbestimmte Zeit hinausgeschoben ist. Solange das Gleichnis mit seiner semantischen Doppelsinnigkeit währt, so lange steht das irdische Reich dem Reiche Gottes im Wege. Aber die Opposition kehrt sich auch in ein hoffnungsvolles Versprechen um: die Erwartungen der Propheten haben sich zwar *erfüllt,* aber das Reich Gottes ist noch zu *erwarten.* Alles ist schon *gesagt,* aber noch nicht alle haben es *gehört.* Die Geschichte geht weiter und mit ihr die gleichnishafte Erzählung und die Notwendigkeit, sie auszulegen.

Welche Erklärung gibt es für die Besessenheit?

Wir waren bisher so mit der Analyse eines Berichts beschäftigt, daß wir die Frage der dämonischen Besessenheit noch nicht behandelt haben. Es ist eine Frage, zu deren Klärung man den Arzt, den Historiker usw. hinzuziehen möchte [5]. Warum gab es in Palästina zu Jesu

---

[5] Siehe P. L. Entralgo, *Enfermedad y Pecado,* Barcelona 1961.

Zeiten so viele Dämonen? Ist es auf äußere Einflüsse –
besonders von Mesopotamien her – zurückzuführen?
Sollte man der Vermutung folgen, der Verlust politi-
scher Unabhängigkeit habe zum Teil eine Verlagerung
des Interesses auf individuelle Leiden und ihre Heilung
– die Gesundheit des Körpers und der Seele – bewirkt?
Das wären Probleme, die einer besonderen Untersuchung bedürften, und wir können an dieser Stelle nicht
darauf eingehen. Wir haben uns damit begnügt, so gut
wir es konnten, die Beschreibung – den Bericht – einer
Form der Teufelsbesessenheit und ihrer Wunderheilung
zu untersuchen.

Allerdings gibt es einen Punkt, der es noch verdiente,
diskutiert zu werden. Bei den Historikern herrscht all-
gemein die Auffassung vor, daß die Fälle von dämoni-
scher Besessenheit ein gutes Beispiel für die kulturelle
Interpretation sind, die man einem Naturphänomen zu
geben pflegt. Die Teufelsbesessenen waren offenbar
Menschen, die frappante Symptome zeigten – wie man
sie heute bei Epilepsien, Athetosen und Schizophrenien
antrifft. Die tatsächliche physische Störung erhält ihre
Bedeutung durch die interpretativen Sprachwerkzeuge
einer Epoche (oder einer Zivilisation). Das Unter-
suchungsobjekt ist die Gewalttätigkeit, die Raserei, das
Schreien: das interpretative Sprachwerkzeug im ersten
Jahrhundert ist der Begriff der Teufelsbesessenheit. In
unserem Text vollzieht sich die Interpretation *ohne weiteres:* somit scheint alles erklärt zu sein. Kommt aber die
Entwicklung der medizinischen Theorien hinzu, so
schafft sie ein neues sprachwerkzeugliches Begriffs-

system; sie eröffnet die Möglichkeit einer neuen Interpretation: es ist äußerst selten, daß eine spezialisierte Sprache nicht für sich das Recht in Anspruch nimmt, sich auf alles zu beziehen, was sie einschließen kann, und daß sie nicht ihre Anwendungsmöglichkeit auf Gebieten, die bisher von einer anderen Terminologie beherrscht waren, zu beweisen sucht: wenn sich in den verschiedenen Teilen des Organismus eine Zirkulationsphysiologie der »Grundsäfte« bildet, so verfügt der Arzt über ein »natürliches« Erklärungssystem, das den Begriff der *heiligen Krankheit* verdrängen kann: das hat Hippokrates bereits im 5. Jahrhundert vor Christus getan; und mit der Systematisierung des Begriffs der vier Grundsäfte (Temperamente) und ihres Verhältnisses oder Mißverhältnisses zueinander kann man der Melancholie einen Gutteil an allen geistigen Störungen zuschreiben. Damit schafft sich der rationalistische Arzt ein Instrument, das ihm gestattet, den Begriff der Teufelsbesessenheit zu widerlegen: diese erscheint dann als eine *mißbräuchliche* Interpretation einer Reihe von Phänomenen, die sich viel *einfacher* durch die Einwirkung eines Überflusses an schwarzer Galle in den Gehirnvorgängen etc. erklären lassen.

Aber seien wir vorsichtig: die Begriffe Natur, natürliche Zusammenhänge, Verteilung der »Grundsäfte«, Exzeß an Körperflüssen usw. sind ja eigentlich auch nur interpretative Instrumente, die von verschiedenen geschichtlich datierten Sprachweisen (oder Terminologien) stammen und dem Wechsel oder neuer Prüfung ausgesetzt sind – selbst wenn sie seit Hippokrates miteinander die Voraussetzung eines »nicht übernatürlichen« Charakters auch der schlimmsten Verhaltensanomalien gemein haben. Jede sich als zuverlässig ausgebende Interpretation nimmt für sich die Übereinstimmung mit der »Natur der Dinge« in Anspruch: sie zieht es vor, sich nicht als eine Interpretation darzustellen, sondern als die Beschreibung dessen, was sich in Wahrheit abspielt, und wendet den Ausdruck »Interpretation« mit einem Quäntchen von Herablassung auf alle älteren Lesarten derselben Gegebenheit an – Lesarten, die ihr illusionsbeladen, von der Phantasie und den Vorurteilen des Interpretierenden verzerrt erscheinen. Allerdings ist die moderne Wissenschaft sich eher bewußt, die Bedeutung und den kausalen Zusammenhang der von ihr behandelten Tatsachen durch ein aktives Eingreifen hervorgerufen zu haben; sie schmeichelt sich nicht, sie »ohne weiteres« interpretiert zu haben; sie gibt nur »Erklärungen« ab, nachdem sie alle Gegenprüfungen, die ihr der Bereich ihrer Versuchsverfahren gestattet, vorgenommen hat: sie gibt zu, daß ihre Terminologie durch eine besser ausgestattete ersetzt werden kann: sie ist also bereit, ihre Behauptungen als Interpretationen wie jede andere anzusehen.

Stellen wir daher fest, daß das, was wir eben noch als eine natürliche Gegebenheit betrachtet haben (Epilepsie, Athetose, Schizophrenie), nichts grundsätzlich Natürliches an sich hat: vielleicht hätten wir diese der modernen Medizin entliehenen Termini gar nicht anwenden, sondern uns allein auf die »Phänomenologie« der vom Evangelisten erwähnten Verhaltensformen beschränken sollen: die Einsamkeit, das Herumirren, die Schreie, die Gewalttätigkeit, die Wunden, die sich der Besessene selbst zufügt.

So einleuchtend der Gedanke auch sein mag, daß eine Reihe von Tatsachen und Begebenheiten in ihrer Eigenschaft als erstes Substrat der ihnen folgenden Interpretation (hier wäre es die wilde Einsamkeit, durch die sich die Besessenheit erklären ließe) *vorauslief*, so kann man dennoch nicht die Vermutung von sich weisen, daß der umgekehrte Vorgang genauso und gleichzeitig anzunehmen sei: man könnte nämlich ebensogut behaupten, die »Vision der Welt« zur Zeit Jesu und mehr noch zur Zeit des Evangelisten betonte dermaßen den Gegensatz zwischen dem Reiche Gottes und dem des Dämons, daß sie von denen, die in dieser Zeit lebten, eine gewisse Anzahl von *Zeichen* erwartete: dann stehen allerdings nicht mehr die krankhaften Symptome an erster Stelle, sondern der »kulturelle« Begriff des Dämons, der sich durch die Tobsucht und die Raserei ausdrückt. Das gestörte Verhalten, die Schreie, die »Nicht-Sprache« und die Gewalttätigkeit sind dann die Mittel, mit denen der Mensch die Anwesenheit des Dämons, den er aus der früher gehörten theologischen Terminologie kennt, interpretiert und aktualisiert. Wir wissen, daß das stets bei den Epidemien von Besessenheit im 16. und 17. Jahrhundert der Fall gewesen ist. Das gleiche traf auch auf die Hysterie zu, deren Definition und klinisches Bild, so wie sie schriftlich oder mündlich verbreitet wurden, oft eine entscheidende Rolle im Auftreten der *schönsten* Fälle dieses Leidens gespielt haben. Hier könnte man sagen, daß das Symptom soziogenetisch oder logogenetisch entstanden ist.

Ich glaube, daß die erste Hypothese, die den Begriff der Teufelsbesessenheit als ein auf eine vorhergehende Gegebenheit angewandtes interpretatives Werkzeug betrachtet, nicht von der Hand zu weisen ist. Hier schließt sich ein beweglicher Kreis; der Begriff der *Besessenheit* wird, sobald man ihn als solchen annimmt, seinerseits zum Ausgangspunkt einer erlebten Interpretation. Läßt sich da überhaupt ein Anfang bestimmen? Gibt es da überhaupt irgendwo einen wahrhaft *ersten* und natürlichen Ausgangspunkt? Je aufmerksamer man sich bemüht, desto weiter sieht man das natürliche Substrat sich entfernen; denn wenn es um den Menschen geht, muß man immer wieder feststellen, wie Kultur und Sprache die Natur »verändern«.

Dostojewski hat die Stelle aus dem Lukas-Evangelium (VIII, 26–39), die der von uns analysierten Bibelstelle entspricht, als Motto über seine »Dämonen« gesetzt. Kann man daraus herleiten, daß der Roman eine Interpretation dieser Stelle des Evangeliums ist? Oder sollen wir im Gegenteil den biblischen Text als ein interpretatives Werkzeug betrachten, das uns den Roman verständlich macht und seinen Sinn deutlicher in Erscheinung treten läßt? Auch hier erweist sich die Interpretation als ein Kreis von Folgerungen. Die Positionen vertauschen sich: was verstanden werden soll, wird zu dem, was zum Verständnis beiträgt, und was zur Interpretation verhilft, wird zum Gegenstand selbst der Interpretation. Haben wir bei der Untersuchung der Gleichnisse nicht eine ähnliche Feststellung gemacht? Schon dort hatten wir unterstrichen, inwieweit ein großer Teil der Gleichnislehre zutiefst von weltlichen Begriffen abhängig war. Dasselbe gilt für den Kreis der Interpretation: er kann sich nur deshalb entwickeln und schließen, weil der Mensch in seiner Eigenschaft als sprechendes Wesen ein dem Wechsel der Zeiten unterworfenes historisches Wesen ist, das freilich dem *Sinn* zustrebt [6].

---

[6] Im übrigen sei auf den Essay von E. Weil verwiesen: »De l'intérêt que l'on prend à l'histoire« aus *Essais et conférences*, I, Paris 1970, S. 207–231.

Die Vision der Schläferin

Der Schweizer Maler, Dichter und Kunstschriftsteller Johann Heinrich Füssli (1741–1825) begann einen seiner *Aphorismen* [1] mit den Worten: »One of the most unexplored regions of art are dreams, and what may be called the personification of sentiment.« Es ist die einzige Äußerung über den Traum in Füsslis schriftlichem Nachlaß. Immerhin hat sie Genauigkeitswert, wenn sie auch nicht dazu bestimmt war, Füsslis Werk zu rechtfertigen, sondern sich lobend auf einen berühmten Stich, *Das Gerippe* [2], bezog.

Man denkt sogleich an den *Nachtmahr* (The Nightmare 1782) [3], das berühmteste Gemälde Füsslis: es stellt einen Angsttraum dar, und es gibt direkt seine Trauminspiration zu erkennen, denn es schließt die Schlafende und ihren Traum ein. Wir sehen die Schlä-

---

[1] Aphorismus 231, von F. Antal in *Fuseli Studies* (London 1956, Seite 111) zitiert.

[2] Das Bild wurde Raffael zugeschrieben, stammt aber in Wirklichkeit von Giulio Romano; der Stich ist von Agostino Veneziano.

[3] Das Gemälde existiert in mehreren Versionen. Das hier abgebildete und kommentierte Bild befindet sich im Goethe-Museum in Frankfurt am Main. (0,76×0,63 m)

ferin, und wir sehen gleichzeitig, was sie in ihrem Schlaf
»sieht«. Der Maler hat sich hier im wörtlichsten Sinne
die Sehergabe zugeschrieben.

Bilder von Schlafenden oder phantastische Szenen, die
trauminspiriert sein könnten, sind in der Kunst nicht
selten. Viel weniger häufig sieht man Darstellungen des
Schlafenden mit seinen Visionen [4]. Man kann ein solches Verfahren als eine vollkommene *Objektivierung*
auffassen: alles wird gezeigt, alles wird sichtbar gemacht.
Es ist wie die Erzählung eines Traums, den ein Anderer

---

[4] F. Anatal weist darauf hin, daß Füssli einen Kupfer-
stich von Giorgio Ghisi *Der Traum Raffaels* und auch
einen Stich nach dem *Traum Michelangelos* besessen
habe, wo Schlafende und ihre Visionen dargestellt sind.
Es ist auch bekannt, daß Goya später dieses Thema
wiederaufnahm.
Man vergesse nicht, daß das Rokoko eine ganze Kategorie von erotischen Genrebildern hervorgebracht hat,
in denen eine völlig nackte Schläferin von schelmisch frechen Englein umschwebt wird (und oft schleicht sich noch
ein junger Bursche heran, der sich den günstigen Augenblick zunutze machen wird). Man kennt das Lied
»Lison dormait«, über das Mozart Variationen für das
Klavier geschrieben hat. Auf Fragonards Gemälde »Le
Feu aux Poudres« (im Louvre) stößt einer der die
Schlafende beobachtenden *Putti* ihr eine Fackel an die
bewußte Stelle: in seiner direkten Erotik, seiner mythologischen Verspieltheit und seinen glücklich-frohen
rosa-fleischfarbenen Tönen steht dieses Bild im absoluten Gegensatz zur lunaren Kälte, dem bläulichen
Grau, dem ernsthaften Schrecken und der schuld- und
strafgeladenen Atmosphäre, die bei Füssli vorherrscht.

geträumt hat, eine Erzählung, die zugleich dem Träu-
menden und seinen mehr oder weniger deutlich empfun-
denen Visionen Form und Namen gibt. Der Maler hält
den Traum einer Drittperson auf der Leinwand fest.
Übt die Kunst des Malers jedoch genügend Wirkungs-
kraft aus, so gerät das Gefühl der Objektivierung ins
Schwanken: es ist nicht mehr nur das Porträt eines
schlafenden *Anderen* mit dem Abbild seiner Träume. Es
ist ja auch ein Traum des Malers, in dem eine Schlafende
und der sie quälende Schrecken erscheint: ein für den
Künstler und den sich in das Bild versetzenden Betrachter beängstigendes wie lustvolles Schauspiel. Der Traum
verlegt sich in uns, macht uns zu seiner Urbehausung.

Eine solche Verlagerung bleibt im Falle des *Nachtmahrs* von Füssli nicht ohne Folgen: gewiß, die junge
Schläferin ist offenbar die träumende Person, und das
Bild läßt sich zuerst als die Verkörperung der masochistischen Ängste deuten, die die Schlafende empfindet.
Sobald wir uns aber bewußt sind, daß auch der Maler
der Träumer ist und daß wir als willige Betrachter uns
zu seinen Komplizen gemacht haben, können wir nicht
mehr den tiefen Sadismus verkennen, mit dem hier diese
Frauengestalt behandelt wird. Die Frage: *wer träumt?*
ist somit selbst in ihrer Unentschiedenheit wichtig, denn
der eigentliche Sinn des Bildes schwankt zwischen *Angst
empfinden* und *Angst machen*, zwischen der *Vision* des
Schreckens und dem *Voyeurismus*, der sich am Anblick
der gequälten Schläferin weidet. Mit Füssli beginnt eine
Epoche der Kunst, in der die dargestellte Figur (die
Anekdote, gebieterisch und klar auf das dem Künstler

eigene Bewußtsein zurückweist. Die auf die Leinwand gezeichnete Dramaturgie ist laut Füssli eine »Personifizierung des (sadistischen) Empfindens des Malers durch die Personifizierung des (masochistischen) Empfindens« der Zentralfigur der Schläferin.

Ist hier also alles auf die einzige Quelle der Empfindung zurückzuführen? Man könnte sich allerdings ebensogut eine Deutung des *Nachtmahrs* von Füssli vorstellen, die sich nicht auf die Phantasie oder die vorausgesetzten »Empfindungen« Füsslis stützt, sondern auf das, was die literarische und medizinische Tradition über den Alptraum *aussagt*. Füssli (der ein Theologiestudium absolviert hatte) verfügte über eine ausgezeichnete klassische Bildung: er las Latein und Griechisch fließend. Seine Zeichnungen zu den Werken Homers sind oft mit dem Zitat der sie inspirierenden Stelle versehen. Und Verse der »Ilias« oder der »Odyssee« sind nicht nur auf den Illustrationen zu Homer zu finden. Eine merkwürdige Zeichnung von 1810 [5] stellt zwei nackte, auf einem Bett halb ausgestreckte Frauen dar. Die eine, im Hintergrund, schläft. Die andere, im Vordergrund, stützt sich auf den linken Arm und führt die rechte Hand an ihre Brust, als wollte sie sich von etwas Bedrückendem befreien: das Gesicht hat einen leidenden Ausdruck. Durch das offene Fenster sieht man einen phantastischen Reiter, über sein Pferd gebeugt, wie um

---

[5] Paul Ganz, *Die Zeichnungen Hans Heinrich Füsslis*, Olten 1947. Illustration Nr. 84 *Der Alp*, Zürich, Kunsthaus, Inv. Nr. 1914–1926.

es voranzupeitschen, im Galopp durch die Lüfte stürmen. Der Alptraum ist gerade verschwunden. Unten auf der Zeichnung steht, von Füsslis Hand der Vers 496 aus dem X. Gesang der »Ilias«:

»Stöhnend lag er zuvor; ihm stand ein drückendes Traumbild gerade zu Häupten die Nacht ...«. Der Text steht in keiner direkten Beziehung zu den dargestellten Figuren, beschreibt aber das erlebte Ereignis: das stöhnende Atmen, die Gegenwart des bösen Traums, der über dem Haupte schwebt. Pferd und Reiter, die wir im Augenblick ihres Davonstürmens durch die Lüfte erblicken, begegnen uns wieder – dieses Mal direkt vor uns – im *Nachtmahr*. Sind sie nicht (unabhängig von ihrer homerischen Anspielung) das genaue Abbild dessen, was die Tradition über den Inkubus, den Ephialtes, den Alp oder Mahr (englisch *Nightmare*) erzählt? Alles in ihnen stimmt mit der Legende überein. Der »Nachtmahr« ist eine männliche oder weibliche, übernatürliche Kreatur, die mit all ihren Kräften auf die Brust des Schlafenden drückt und ihn zu ersticken droht [6]. Die Formen, die man ihm zuschreibt, sind zahlreich: Katze, Affe, Vogel, Dämon usw. [7]. Dem Bilde Füsslis sind vorbereitende

---

[6] Darin sind die Kreaturen des Alptraums dem Bild der Sphinx, der erdrückenden Sphinge ähnlich. Vgl. Laistner, *Das Rätsel der Sphinx*, 1889.

[7] *Handwörterbuch des deutschen Aberglaubens*, Band I, 1927, unter »Alp«. S. auch W. H. Roscher, *Ephialtes*, Leipzig, 1900. Die poetische Erzählung »Smarra« von Charles Nodier gehört demselben Kultur- und Phantasiebereich wie das Bild Füsslis an. Ihr gehen inter-

Skizzen vorausgegangen, und es wurde in mehreren Versionen ausgeführt: der Inkubus erscheint darin zwar in verschiedenen Formen, aber diese halten sich immer innerhalb der Grenzen dessen, was die Legende vorschreibt. Was das Pferd anbetrifft, so weist alles in den Traditionen auf es hin, denn der nächtliche, übernatürliche Besucher kommt von weit her und durchfliegt die Lüfte auf einem Fabelroß, bevor er sich auf sein Opfer preßt. Hier spielt auch noch ein linguistisches Mißverständnis mit: im Englischen hat sich im »Volksmund« sehr rasch die Verwechslung zwischen dem Wort *mare,* das die dämonische Kreatur bezeichnet, und dem gleichlautenden *mare* für die Stute eingebürgert [8]. Um dem malerischen Ausdruck mehr Klarheit zu verschaffen, scheint Füssli sich entschlossen zu haben, beide Formen dieser linguistischen Pseudoeinheit nebeneinander »bildlich« in Erscheinung treten zu lassen. Der Pferdekopf fehlt zwar auf einer der vorbereitenden Skizzen [9], aber auf dem 1783 ausgestellten Bild und seinen späteren Fassungen ist er deutlich zu sehen, als sollte das Wort *nightmare* in allen seinen Sinngebungen anschaulich dargestellt sein.

---

essante linguistische Bemerkungen voraus, die man durch Walther von Wartburgs *Französisches Etymologisches Wörterbuch* (Anmerkungen zum Wort *calcare*) ergänzen kann.

[8] Im Deutschen würde das einer Verwechslung zwischen *Mahr* und *Mähre* entsprechen. (A. d. Ü.)

[9] Paul Ganz, *op. cit.,* Illustration Nr. 38 *Der Nachtmahr,* 1781, London, British Museum, Sammlung Knowles.

Die wörtliche Bedeutung von »Nightmare« ist also in seiner Weitschweifigkeit und in seiner Zweideutigkeit bildlich übersetzt worden. Man wäre versucht, zu behaupten, Füssli habe uns überhaupt keinen besonderen Traum darstellen wollen, sondern sei allein darum bemüht gewesen, ein vollständiges Bild der *Wortbedeutung* des »nightmare« zu entwickeln: also eine ins Visuelle transponierte Wortdefinition. Diese Definition ist außerdem auch gleichzeitig die der übernatürlichen Legende (an die Füssli keinen Augenblick glaubt) und die der Medizin. Im Laufe einer langen wissenschaftlichen Tradition, die von der Antike [10] bis zu Robert Whytt geht, haben sich die Ärzte die Ursachen jenes beklemmenden Erstickungsgefühls auf der Brust zu erklären versucht, das manchmal Schlafende befällt, vor allem, wenn sie auf dem Rücken liegen. Handelt es sich um einen Blutandrang in den Gehirnventrikeln, um eine »Blutstauung in der Stirnhöhle« oder um den »Druck eines zu vollen Magens«? Ist es ein Leiden, das häufiger bei Hypochondern auftritt? Ist es vielleicht eine Art von

---

[10] Man vergleiche hierzu besonders Caelius Aurelianus, *Tardarum Passionum*, I, S. 111; Thomas Willis, *De Anima Brutorum*, Pars Pathologica, VI; Robert Whytt, *Traité des maladies nerveuses*, Paris 1777 (Übersetzung), Band II, S. 113–126. Der *Dictionnaire* von Chambers und später die *Encyclopédie* zitieren Ettmüller, nach dem die Araber diesem »Unbehagen« den Namen *nächtliche Fallsucht* gaben. Vgl. Owsei Temkin, *The falling sickness*, Baltimore, 1971, S. 43–44, 108, 209.

Epilepsie? Auf jeden Fall sind die Ärzte überzeugt, daß die Figur des Dämons von der Phantasie erfunden wurde, um ein rein physisches Druckphänomen zu erklären. Füssli scheint diese widersprüchlichen Gegebenheiten in einer bildlichen Synthese illustriert haben zu wollen: die eindeutige Rückenlage, der nach hinten geneigte Kopf, in dem sich das Blut andrängen könnte, der hockende Unhold in Form eines riesengroßen Herzens – das alles ist dazu angetan, die rationale Theorie zu befriedigen. Auch die Körperfülle der jungen Frau bestätigt das, was man bei Robert Whytt nachlesen kann: »Man muß gestehen, daß die Vollblütigkeit, die den Kreislauf in den Lungen erschwert, dazu beitragen kann, den Druck auf die Brust im Alptraum zu erwirken oder ihn wenigstens zu verstärken. Vielleicht empfinden gerade deshalb junge Frauen, die viel Blut haben, häufig dieses Unbehagen.« [11] Und schließlich drücken die so deutlichen Bilder des Unholds und vor allem des Pferdes (das wie eine Lichtquelle wirkt) die Schärfe und Lebhaftigkeit aus, die alle Autoren jenen Schreckensvisionen des ersten Schlafes zuschreiben.

Diesem Bild ist also vor seinem Entstehen viel *Geschriebenes* vorausgegangen, um den bewußten Gedanken des Malers zu leiten. Man gewinnt den Eindruck, er sei einer verbalen Anregung gefolgt und erwarte auf seine bildliche Darstellung hin wiederum ein lyrisches Echo [12]. Das gemalte Werk in seiner ganzen sicht-

---

[11] *op. cit.* S. 125–126
[12] Dieses Echo hat es wirklich gegeben: man lese die Verse

baran Kraft ist nur eine wirkungsvolle Zwischenphase und verleiht einem alten Wort die unmittelbare Figur, die es ihm ermöglicht, ein neues Wort zu erwecken: das Bild ist ein Phantasieabschnitt in einer Kette von *geschriebenen* Aufzeichnungen oder Gedichten.

Liegt hier wirklich nur die *Illustration* eines Begriffs vor, wie er sich der (an die volkstümliche Phantasie gebundenen) Legende darbietet und wie er in seiner medizinischen Fassung erscheint? Warum sollte die Darstellung eines Traums – in Dichtung oder Malerei – den angesprochenen Leser oder Betrachter nicht vollends zu überzeugen vermögen? Dann handelte es sich nämlich nicht mehr um eine bloße Definition oder um eine auslegende Erklärung, sondern es wäre gemäß der klassischen Terminologie eine *Imitatio*, eine Nachbildung. Ein gut »nachgeahmter« Traum – selbst wenn er zuvor nie geträumt wurde [13] – vermittelt dem Betrachter das

---

51–78 des dritten Gesanges von Erasmus Darwins didaktischem Gedicht »The loves of the plants«, in *The Poetical Works*, 3 Bände, London 1806, Band II, S. 126–128. Ein Stich nach Füssli dient als Illustration.

[13] Man hat den »Nachtmahr« mit einem persönlichen Erlebnis Füsslis in Verbindung bringen wollen. Der von E. Gradmann u. A. M. Cetto (in *Schweizer Malerei und Zeichnung im 17. und 18. Jahrhundert,* Basel 1944, Seite 74) angeführte Brief von 1765 scheint mir wenig überzeugend. Dieser Brief stammt aus dem Anfang der Zeitperiode, in der Füssli sich aus politischen Gründen aus seiner Heimatstadt ferngehalten hat. In von Heimweh und Rachsucht verzerrten Halbschlafvisionen sieht er einige seiner Landsleute vor sich erscheinen: sie haben

Gefühl des »*déjà vu*«, der traumgemäßen Wahrhaftigkeit, der Glaubwürdigkeit in der Begegnung mit dem
Unwirklichen. Da spielt es keine Rolle, ob der Maler
oder Dichter ein »eigenes« Erlebnis wiedergibt, oder ob
er sich damit begnügt, einen literarischen Archetypus,
der übrigens einem *Traumtypus* entsprechen könnte, geschickt darzustellen. Hauptsache ist, daß er nicht als ein
bloßes Sinnbild, sondern als eine »erlebte« Szene erscheint.

Erasmus Darwin betont in seinem poetischen Kommentar des *Nachtmahrs* das Gefühl des absoluten Un-
vermögens der Bewegung, das die Schlafende am Fliehen
oder Schreien hindert:

> *In vain to scream with quivering lips she tries,*
> *And strains in palsy'd lids her tremulous eyes;*
> *In vain she wills to run, fly, swim, walk, creep;*
> *The WILL presides not in the bower of SLEEP.*
>
> *– On her fair bosom sits the Demon-Ape*
> *Erect, and balances his floated shape;*
> *Rolls in their marble orbs his Gorgon-eyes,*
> *And drinks with leathern ears her tender cries [14].*

karikaturale Formen angenommen. Einer von ihnen
schaut in den Spiegel und erblickt sich darin als Affe ...
Der Spiegel und der Affe gehören bestenfalls in den
Katalog der Phantasieelemente Füsslis. Im *Nachtmahr*
sind sie in eine völlig andere Syntax gefügt, und der
Affe gleicht eher einem Faun oder Pan.

[14] Vergeblich zuckt der Mund und ringt nach einem Schrei,
Und das gelähmte Lid gibt ihr den Blick nicht frei;
Vergeblich will sie rennen, fliegen, schwimmen, schleichen;

Der naturalistische Poet beschreibt ausführlich die während des Schlafs unterbundene »Macht des Willens über unsere Muskelbewegungen sowie über unsere Gedanken«, indem gleichzeitig »interne Reizungen und Empfindungen« bestehen bleiben, die das »vegetative Leben und die mechanischen Empfindungen« erhalten. »Taucht im Schlaf das schmerzhafte Verlangen nach willensgesteuerten Bewegungen auf, so nennt man das Alptraum oder Inkubus.« Daher ordnet Erasmus Darwin in seiner »Zoonomia« (1794–1796) den Inkubus in die Kategorie der »Krankheiten der Willensäußerungen« ein, und in der Abteilung II dieser Kategorie heißt es: »*Verminderte Willensäußerung*«, Gattung I: *Mit verminderter Muskelbetätigung*. Für den, der das Bild Füsslis betrachtet, unterliegt es keinem Zweifel, daß die Lage des Kopfes und der Arme, die entspannte Haltung der

---

Im Zwangsgemach des SCHLAFS, da muß der WILLE weichen.
Der Affenteufel hockt auf ihrer zarten Brust,
Wiegt seinen aufgeschwemmten Leib in geiler Lust;
Rollt in den starren Höhlen die Gorgonenaugen,
Dieweil die stumpfen Ohren ihren Schrei aufsaugen.
Der englische Dichter entsinnt sich in seinem Kommentar zum Werk Füsslis der Verse Vergils (*Aeneis*, XII, 908–910:

Ac velut in somnis, oculos ubi languida pressit
Nocte quies, nequiquam avidos extendere cursus
Velle videmur . . .

Vergil entsinnt sich wiederum Homers *Ilias*, XXII, 199–201, und findet in Tasso, *Das befreite Jerusalem*, Gesang XX, Strophe 105 einen Nachahmer.

Hand bei der Schlafenden eine Unbeweglichkeit im höchsten Grade bezeugen: sie ist wehrlos dem übernatürlichen Besucher ausgeliefert. Kaum ein Betrachter wird nicht darin mit Erasmus Darwin den so häufigen Traum des ohnmächtigen Schreckens erkennen, der hier wie von außen her nachgebildet erscheint. Man wird in Füsslis Darstellung den eigenen erlebten Schrecken voll und ganz wiederfinden (allerdings mit dem wichtigen Unterschied der *Veräußerlichung,* die das einst ohne Möglichkeit des Abstandes Erlebte zu einem Schauspiel macht). Für den Amateur-Psychoanalytiker (und wer ist es heutzutage nicht?) zeichnet sich Füsslis Experiment in seiner Glaubwürdigkeit durch bessere Beweise aus. Der dreieckige Schlitz des Vorhangs, der brutal vordringende Pferdekopf mit den gespitzten Ohren, die auf dem Toilettentisch stehenden Dosen und Flaschen, die merkwürdige Form des langen, runden Kissens mit der herausquellenden Quaste, die vor dem Bett abgestreiften Schuhe (in der Vorskizze), die roten Flecken auf dem Fußboden, für die es keine Erklärung gibt, das zerrissene Aussehen des Lakens neben dem abfallenden rechten Arm, der mit dem Daumen in seinen großen Mund fahrende Inkubus – welch eine Anzahl eindeutiger »Symbole«, die so trefflich auf die hingestreckte Lage der Schlafenden passen! Da sollte es nicht schwerfallen, den Eingebungen Freuds und Jones' [15] zu folgen und den

---

[15] E. Jones legt in seinem Essay über den Alptraum sehr genau die Gedanken Freuds dar. S. *Der Alptraum,* Übersetzt von E. H. Sachs, Deuticke, Wien 1912.

Inhalt dieses Traums als die angstgequälte Befriedigung eines inzestuösen Wunsches zu deuten: der Inkubus nimmt eine immer schrecklichere Gestalt an, je stärker das Bemühen ist, den Wunsch zu verdrängen. Was hier geschieht, läßt also vermuten, daß das Verdrängte sich ein unangenehmes Schlafgefühl (oder einen »Gedanken«) zunutze macht, um sich das Recht auf Ausdruck zu verschaffen. »Je intensiver und zwingender der Anteil der Gefühle des Unbehagens in den Traumgedanken ist, desto mehr werden die am stärksten verdrängten Wunschregungen in Erscheinung zu treten versuchen, denn das Unbehagen, das sie vorfinden und das sie sonst von selbst hervorrufen müßten, verhilft ihnen entscheidend dazu, sich mit aller Kraft in die Welt der Vorstellung vorzudrängen.« [16] Warum sollte man da noch zögern? Könnte man nicht sogar behaupten, die von Füssli dargestellte Szene sei das Bild eines Inzestwunsches mit Verlagerung der Vaterfigur in die des Inkubus und des Pferdes und Kontaktverschiebung (Wunsch-Furcht) auf die Brustzone? Und wenn wir schon bei Oedipus sind – wozu auf halbem Wege stehenbleiben? An »Material« mangelt es im zeichnerischen Werke Füsslis keinesfalls. Man betrachte zum Beispiel jene am Ende des römischen Aufenthalts (1778) [17] entstandene Zeichnung, die den »von der Größe der Ruinen des Altertums bewegten Künstler« darstellt: der Künstler

---

[16] S. Freud, *Traumdeutung*, Kapitel VI, VIII.
[17] Die Zeichnung ist im Besitz des Kunsthauses in Zürich. Sie ist in Hugh Honour, *Neo-classicism*, Penguin Books, 1968, Illustr. Nr. 20, S. 53, abgebildet.

sitzt, die Stirn in die Hand gestützt, neben dem Sockel, auf dem sich ein riesenhafter Fuß – das einzige Überbleibsel einer verschwundenen Statue – befindet. Etwas weiter oben steht vor der aus gigantischen Blöcken errichteten Mauer, die den Hintergrund bildet, ein zweiter Sockel, der die eine Hand der Statue mit erhobenem Daumen und Zeigefinger trägt. Die rechte Hand des Künstlers ruht auf dem zerbrochenen Fuß. Oidipous, Schwellfuß, Riesenfuß: es ist leicht, diese Assoziationen zu deuten [18]. Und schließlich heißt »Füssli« ja gerade im alemannischen Dialekt – der Muttersprache des Malers – »kleiner Fuß«. Die Versuchung, eine Beziehung zwischen dem *Bild* des »Riesenfußes« und dem *Wort* »Füssli« herzustellen – ist fast unwiderstehlich. Allerdings wäre es durchaus nicht abwegig, eine Verwandtschaft zwischen dem Vaterbild und der Inschrift von der »Größe des Altertums« festzuhalten: stellt man Vergleiche an (wie z. B. mit der Kunst eines Michelangelo), so ist man halt nicht mehr als ein Künstler »auf kleinem Fuß«. Und der außerordentlich betonte Stolz Füsslis, für den es viele Beweise gibt, wäre da wohl ein typisches Kompensationsphänomen. Finden wir in diesem Unwürdigkeitsgefühl (oder Kleinheitsgefühl) und in dieser

---

[18] Ist der den jungen Prinzen erdrückende Riesenhelm zu Beginn des *Schlosses von Otranto* nicht ein ähnliches Vatersymbol? Natürlich ist hier kein Fuß, aber Horace Walpole war der Sohn eines Ministerpräsidenten, während Füsslis Vater, ein Kunsthistoriker und Bewunderer Winckelmanns, seinem Sohn von einer Künstlerlaufbahn abzuraten versuchte.

narzißtischen Kompensation außerdem nicht auch einen
der Schlüssel zu jener dimensionalen Unbeständigkeit [19], die im Werke Füsslis so auffällig ist? Es fehlt
dort nicht an Riesengestalten, aber man findet ebenso-
viele winzige, gnomen- oder elfenhafte Figuren. (Füssli
selbst war von sehr kleiner Statur.)

Nur sind die Bilder, die man zur Bekräftigung dieser
sinnreichen Theorie anführen wollte – unter anderen
Der Traum des Hirten [20] –, im Wesen ihrer Struktur von literarischen Texten diktiert worden, deren An-
gaben Füssli einfach nur getreu abgebildet hat: da ist
dann Milton (oder in anderen Fällen Shakespeare) für
die dimensionale Ungleichheit verantwortlich. Der Maler führt nur ein vom Dichter festgelegtes Szenario aus:

> They but now who seemed
> In bigness to surpass Earth's giant sons
> Now less than smallest dwarfs, in narrow room
> Throng numberless, like that pygmean race
> Beyont the Indian mount, or faerie elves,
> Whose midnight revels, by a forest side
> Or fountain some belated peasant sees,
> Or dreams he sees, while overhead the moon
> Sits arbitress ... [21]

---

[19] Die anatomischen Anspielungen, die wir im *Nachtmahr*
      erwähnten, sind stark vergrößert ausgedrückt.
[20] Gert Schiff, *Johann Heinrich Füsslis Milton-Galerie,*
      Zürich, 1963, Ill. Nr. 42, Seiten 82–102.
[21] Milton, *Paradise Lost,* Verse 777–785:
      ... Doch jene, die an Größe einst
      Der Erde Riesensöhne überragten,

Die Phantasie des Malers ist also dem lyrischen Text untergeordnet, der im voraus bereits aussagt, was wir mit dem Unterbewußtsein des Malers in Beziehung zu bringen glaubten. Jenes wie Ameisen ausschwärmende Volk von winzigen Geschöpfen, das sich um den schlafenden Schäfer drängt, ist Miltons Phantasie entsprungen, genauso wie die Stimme der medizinisch-literarischen Überlieferung die im *Nachtmahr* dargestellten Rollen des Dramas durch ihre *Aussage* bereits verteilt hat. Welchen Anteil hat da der Maler? Ihm bleibt die Auswahl des Themas aus dem Register der Literatur, das heißt aus einer Gesamtheit, die ihm genügend Stoff zur Auslese seiner Gedanken- und Empfindungsverlagerungen bietet. Außerdem bleibt ihm trotz der »vorgeschriebenen Figuren« die breite Skala der persönlichen Interpretation. Zweifellos hat Füssli die Trümmer der Riesenstandbilder nicht frei erfunden; sie sind keine Produkte seiner Phantasie: aber die, die er beobachtet hat, haben seine besondere Aufmerksamkeit festgehalten. Bei Füssli stützt sich die Eingebung auf vorher existierende kulturelle Gegenstände, die sie ableitend ausarbeitet; seine Zeichnungen und Gemälde sind (bis auf wenige Ausnahmen) der Nachklang einer *Lektüre* und

---

Sind winz'ge Zwerge nun im engen Raum
Und drängen zahllos sich, wie das Pygmäenvolk
Am Fuß des Inderbergs oder wie Elfen, deren Fest
Um Mitternacht am Waldrand oder Quell
Ein Hirt auf später Heimkehr staunend sieht
Oder zu sehen träumt, da über ihm der Mond
Den Fall entscheidet . . .

keine von Grund aus originellen Schöpfungen. Wenn
wir Füsslis Werk zu analysieren versuchen, müssen wir
uns immer wieder fragen, was im Wesentlichen zu ihm
gehört und was in den Bereich des von ihm interpretier-
ten literarischen Stoffes fällt. Wie soll man da unterscheiden? Hier hat sich eine unentwirrbare Zusammen-
setzung gebildet, deren *hybride* Natur unsere Wiß-
begierde vielleicht am stärksten in Anspruch nehmen
sollte.

*

Man sieht also die offenbaren Schwächen einer Deutung,
die im *Nachtmahr* vor allem das Thema des Inzests erblicken will. Das einzige Argument zugunsten dieser
Auslegung wäre, daß Füssli vorsätzlich die Darstellung
eines Alptraums *gewählt* habe. Aber jede Szene eines
Alptraums, wie auch immer der Künstler sie anpacken
wollte, wird unweigerlich Zitate aus den Werken Freuds
und Jones' heraufbeschwören. Die Erklärung mag im
Sinne der allgemeinen analytischen Krankheitsentste-
hungslehre noch so annehmbar sein – sie ist für uns
spezifisch unzutreffend. Sie vervollständigt höchstens
die medizinische Erklärung zum *Fall* der Schlafenden.
Man hat *mutatis mutandis* in gleicher Weise in allen
Gemälden, auf denen ein Sterbender mit einer Leisten-
beule zu sehen ist, die Pest erkannt. Füsslis Schläferin
würde sich demnach also ohne weiteres in die Galerie
der Hysterikerinnen, in die Sammlung der »Kranken
in der Kunst« einreihen lassen. Deutet sie nicht bereits

159

die Kreisbogenlage an? Die schlaff hängenden Arme brauchten sich nur noch in einem plötzlichen Aufflackern der tonischen Nerventätigkeit zu straffen, der Unterleib sich etwas zu heben – und schon haben wir die klassischen Bilder der *Salpêtrière* [22] vor uns. Dann wäre Füssli nichts weiter als ein aufmerksamer Pathograph.

Die interpretativen Folgerungen des Inzestthemas könnten nur dann überzeugen, wenn es in der Darstellung der Schlafenden noch ein *autoskopisches* Element gäbe. Hat Füssli seine eigenen Angstgefühle feminisiert, um sie in diesem in weißen Tüll gehüllten Körper nachzuerleben? Das läßt sich weder beweisen noch widerlegen ... Ich würde im Falle Füsslis gar nicht so sehr die Angst des Alptraums, sondern eher das *voyeuristische* Vergnügen des Zuschauers im Augenblick der heftigsten Qual vermuten. Er sieht das Leiden; er erregt das Leiden. Er beobachtet den Zerfall der raffinierten Kunstgriffe, die die schöne Verführerin zu Eroberungszwecken vor dem Spiegel verfertigt hatte. Er sieht sie in einer Notlage, die dem Tode nahe ist: diese Situation erhält erst ihren ganzen Sinn, wenn man die Schlafende mit all den reich geschmückten und verzierten [23] Frauengestalten vergleicht, die vor dem Spiegel perverse oder triumphierende Positionen einnehmen: es sind Kurtisanen, Kaiserinnen, Walküren. Ihre hochtaillierten Kleider

---

[22] der staatlichen Anstalt für Geisteskranke in Paris.
[23] Das erste Beispiel im Schaffen Füsslis ist die Zeichnung mit dem Titel *Adelheide,* (Kunsthaus, Zürich). Siehe auch F. Antal *op. cit.*

sind über der Brust weit ausgeschnitten; manchmal tragen sie Waffen oder Folterinstrumente; eine von ihnen hält eine Rute in der Hand [24]; alle, oder fast alle, haben ihr Haar zu bizarren Bauten geformt, in denen geflochtene Zöpfe und Kämme außergewöhnlichste, manchmal bis ins Lächerliche komplizierte Bauwerke bilden. Das sind Verfolgerinnen. In Shakespeares Werk findet Füssli dazu noch die Hexe, deren Bild er immer wieder von neuem zeichnet ...

Das aufgelöste Haar der Schlafenden im *Nachtmahr* scheint mir die völlige Beseitigung der an die Frau gebundenen *Gefahr* auszusagen. Die Fetischfrisur, das Spiegelprodukt ist zerstört. Die besiegte Frau ist eine Tote. Sie hat jede Macht verloren: die Bestrafung ist vollzogen ...

Das zurückgelehnte, der Starre preisgegebene Gesicht erschreckt durch seine Über-Abwesenheit. Betrachten wir dagegen die Gesichter der anderen Figuren dieses seltsamen Trios: der affengleiche, hockende Inkubus ist gewiß im Wachzustand, aber er wirkt eigentlich nur durch die Schwere seiner massigen Gestalt; sein häßliches Grinsen drückt lediglich Hohn aus. Er ist der Herr, und er blickt sich spöttisch beobachtend um. Er ist der hohnlächelnde Eindringling; er vergnügt sich mit einer Art von Lässigkeit an seinem Opfer. Trotz der *Berührung* mit der weißen Brust, auf der er sitzt, ließe alles übrige

---

[24] Siehe Paul Ganz *op. cit.*, Illustration Nr. 62, Zürich, Kunsthaus. Stiftung Ganz, Inv.-Nr. 1938/679.

eher darauf schließen, daß dieses Menschenaffenwesen halb teilnahmslos ist und ein fernes, nicht genitales Vergnügen genießt. Erst auf dem Gesicht des Pferdes begegnen wir dem paroxystischen Ausdruck, jener Über-Präsenz, die der Über-Abwesenheit der Schlafenden entspricht. Die derart ausgeprägten Gegensätze (Bewegung nach unten – Bewegung nach oben, geschlossene Augen der Frau – weit aufgerissene Augen des Pferdes, herabsinkender Hals, fallendes Haar – hochgestreckter Hals, gesträubte Mähne, Ausdruckslosigkeit – übertriebener Ausdruck) liegen auf der schrägen Achse, die die Richtung des Bildes bestimmt und die sich in ihrer Mitte mit der kürzeren Schrägachse, dem Leib des Inkubus, kreuzt. Alle Gegensätze verlängern sich noch durch den Grundgegensatz innen – außen. Das Pferd kommt von draußen und bricht in den inneren Raum ein: die Erscheinung des Kopfes und des langen Halses im Spalt des Vorhangs ist eine Vergewaltigung. Der Körper des Pferdes ist draußen in der Nacht geblieben.

Wir begegnen hier einer der konstanten Charakteristiken im Werke Füsslis. Fast auf all seinen Gemälden und Zeichnungen verbindet er, auf verschiedene Personen verteilt, die widersprüchlichsten körperlichen Bewußtseinszustände: geballte Energie und lahme Erschlaffung, triumphierende Vitalität und apathische Niederlage. Füssli begibt sich bis an die Grenzen; er geht von der starren Regungslosigkeit bis zur heftigsten Bewegung und verschafft allen Wirkungsfähigkeiten der Bewegungskinästhesie ihre bezeichnende Form. Er ist ein besonders hervorragender Zeichner der Körper-

162

dynamik in all ihren Registern, von der schrumpfenden Beuge in der Embryonallage zur ausladenden Streckung im Sprung, von der angegriffenen Schwäche zur angreifenden Kraft. Dieses ständige Sich-Strecken und Sich-Winden der Körper – als wollte er damit ihrer dynamischen Zielrichtung den möglichst vollständigen Ausdruck verleihen – ist zu seiner *Manier* geworden. Die Geste schließt einen unermeßlichen Horizont ein. Füsslis Phantasie, die dem Superlativen zustrebt, entwickelt das Bild des Helden in der heftigst gespannten Tätigkeit einer athletischen Muskulatur; die männliche Gestalt erscheint stets an der Grenze ihrer Leistung. Die Aussage dieser auf's höchste gespannten Körper ist das Verbrechen, die Übertretung des Gesetzes. Dagegen erhalten die weiblichen Gestalten unter dem Zeichenstift Füsslis ein zusätzliches Maß an Feminität. Sie verlängern und verschmälern sich, schweben wie Tänzerinnen oder lassen sich in todesartiger Schwäche hinsinken. Füsslis Neomanierismus (die Frucht seines aufmerksamen Studiums an Michelangelo und dessen Erben Giulio Romano, Bandinelli, Rosso) verschmäht jede Ähnlichkeit oder Wahrscheinlichkeit zugunsten einer ungestümen Eleganz, die es sich erlaubt, das Bild des Menschen zu verzerren, um ganz und gar die es durchdringenden pulsierenden Absichten hervortreten zu lassen: Leichtigkeit und Anmut, Kraft, rasende Wut oder Begierde ... Da geht es allerdings nicht ohne Zuhilfenahme eines Systems von Klischees zu, was wohl unvermeidlich ist, wenn der Künstler (und das ist gerade bei Füssli der Fall) die Arbeit am Naturobjekt als erniedrigend empfindet. »Verdammte

Natur, sie stört mich ständig«, hat Füssli gesagt [25]. Er wollte die Hände frei haben, um eine – meist dem Gebot der poetischen Texte gehorchende – *Phantasiegestaltung* zu entwickeln. Die träumerische Vision, die man bei Füssli zu erkennen glaubt, ist mit der Inszenierung der Literatur engstens verbunden: es ist eine visionäre Inszenierung, und sie verfügt frei über ihre dramatischen oder epischen Vorlagen (Homer, Vergil, Dante, die Nibelungen, Ariost, Wieland). Füssli spielt sich mit dem Stift in der Hand das gelesene Werk vor und entwickelt in intensiver Nachzeichnung das Bild der Dichtung bis in ihre verborgensten Aspekte. Wie später Delacroix nimmt er das Risiko auf sich, sich dem Gesetz der poetischen Anekdote zu unterwerfen. Er hat begeistert an Boydells *Shakespeare Gallery* (ab 1786) mitgearbeitet, und ab 1790 ist sein großes Projekt eine *Milton Gallery*, die er ganz allein zustande bringt und erst 1800 beendet.

---

[25] »She always puts me out.« S. Eudo C. Mason, *The Mind of Henry Fuseli*, London, 1951, S. 228–229. Füssli schreibt in der Theorie dem leidenschaftlichen Paroxismus eine entpersönlichende Wirkung zu: »Ein Mensch, den eine maßlose Leidenschaft ergreift, sei es nun Freude oder Schmerz, verliert den Ausdruck seines eigenen Einzelcharakters und wird von der Kraft des auf ihn einwirkenden Gefühls aufgesogen.« Aphorismus 89. Zitiert von G. Schiff, *Zeichnungen J. H. Füsslis aus seiner römischen Zeit*, Köln 1957, S. 40. Dann wäre es also die leidenschaftliche Intensität, die die Klischees schafft. Der *Charakter* geht nicht verloren, wird aber zu dem der siegenden Leidenschaft.

Lessing hat in seinem »Laokoon« der Literatur die *Handlung* und den schönen Künsten die *ruhende Gestaltung* zugeschrieben; der Bereich der Literatur war das Aufeinanderfolgende, während die schönen Künste die Simultaneität, das zeitlos Ruhende, beherrschten. Füssli aber will in den ihm von den Dichtern inspirierten Szenen nicht auf die Handlung verzichten. Er will dem der Dichtung vorbehaltenen Privileg nicht nachgeben: er, der selbst einmal eine dichterische Laufbahn begonnen hatte [26], betrachtet die Malerei vornehmlich als eine stumme Dichtung [27]: er hält an der alten Formel *ut pictura poesis* fest, um damit auszudrücken, daß die Dichtung sich ohne Verrat in Malerei verwandeln läßt. Er strebt also nach einer tiefgehenden Gleichbewertung der Künste in der freien Gattung der »poetischen Malerei«. Will Füssli mit der Zielkraft der transitiven Verben wetteifern, wenn er jene gewaltsamen Augenblicke aufzeichnet, die, von ausladenden Gesten begleitet, in einer oft grauenhaften Unmittelbarkeit festgehalten sind? Will er dem Gefühl der erzählerischen *Intensität* ein Äquivalent schaffen, wenn er jedes Maß überschreitet und mit allen Konventionen der Ähnlichkeit bricht? In seinem Ungestüm und seinem Wunsch nach einer vergeistigten malerischen Darstellung beschreibt er in den

---

[26] S. Eudo C. Mason, *The mind of Henry Fuseli*, London 1951, S. 87–103.

[27] Dieser Punkt wurde von Gert Schiff besonders hervorgehoben. S. sein Werk *Zeichnungen von Johann Heinrich Füssli*, Zürich 1958, Illustration Nr. 6, und Kommentar.

Körpern selbst jene umwandelnde Funktion, die der Bewegung eigen ist: damit begibt er sich der Simultaneität, um seinen Figuren die unendliche Beweglichkeit des epischen und tragischen Vortrags zu geben. Von diesem Punkt aus scheint sich der dramatische Effekt in alle Zielrichtungen fortzusetzen. Man ahnt in diesen Bildern eine Vergangenheit oder Zukunft, die meist allein schon von schrecklicher Natur sind, aber der wahrgenommene Augenblick übersteigt sie an Heftigkeit. Die von uns beobachtete Szene ist von einem Blitz erhellt: vor ihm und nach ihm ist alles in Finsternis gehüllt. Füssli hat es in seinen *Aphorismen* erklärt: »Der mittlere Augenblick, der Augenblick der Spannung, die Krise, das ist der wichtige Augenblick; er ist vergangenheitsbeladen und zukunftsschwanger: wir stürzen uns mit dem Krieger von Agasias aus den Flammen und blicken seinem Feind entgegen; oder wir neigen uns gespannt über die Wunde des *Sterbenden Kriegers* und verweilen gebannt bei jedem Lebenstropfen, der ihm bleibt.« [28] Der Erweiterung der Zeit entspricht eine

---

[28] »The middle moment, the moment of suspense, the crisis, is the moment of importance, big with the past and pregnant with the future: we rush from the flames with the warrior of Agasias, and look forward to his enemy; or we hang in suspense over the wound of the Expiring Soldier, and poise with every drop which yet remains of life.« Aphorismes, Knowles, The Life and Writings of Henry Fuseli, Esq. M. A. R. A., 3 Bände, London 1831, Band III, Seite 94. Die erwähnte Statue ist der *Sterbende Gallier*.

Öffnung des Raumes: bei Füssli ist nichts in sich abgeschlossen (das Zimmer des *Nachtmahrs* ist durch das
Eindringen des aus weiter Ferne herbeigeeilten Pferdes
aufgebrochen). Sein Shakespeare hat – wenn man einige
von Schauspielern inspirierte Werke außer acht läßt –
nicht den Theaterboden als Bühne, sondern den Welt-
raum mit seinen unendlichen Durchblicken, seinen
Schattenmassen und seinen dazwischen leuchtenden
Lichtblitzen [29]. Die Dramatisierung verwandelt nicht
nur die Körper, sondern den gesamten Raum, der bald
bedrückend und schreckensvoll, bald seltsam offen und
luftig erscheint, um den ätherisch leichtgewordenen und
von ihrer eigenen Kraft hochgetriebenen Körpern einen
schwerelosen Hochflug zu gewähren. In Füsslis Raum,
wo Engel oder Gottheiten sich frei schwebend bewegen,
ist auch der Flügelschlag oder der Sprung bis in die
Sterne möglich; Flug- oder Fallträume können sich dort
voll entfalten. Bei Füssli hat später William Blake seinen
eigenen Raum entdeckt.

*

Man wird die Maler der reinen Farbe kaum als trauminspiriert bezeichnen: weder Monet noch Matisse, Bon-
nard oder Rothko gelten als Maler des Traums, soweit
sie auch von der Durchschnittswirklichkeit entfernt sein
mögen. Wenn wir dagegen in den Werken Watteaus,

---

[29] Das ist ein von Füssli ausdrücklich befolgtes Prinzip.
Vgl. G. Schiff, *Zeichnungen J. H. Füsslis aus seiner
römischen Zeit*, Köln 1957, S. 30.

Turners, Odilon Redons oder Gustave Moreaus Traum-
eigenschaften zu entdecken glauben, so deswegen, weil
sie bei aller Farbenfreudigkeit, bei allem Kolorismus
dem Thema, dem Ablauf des Ereignisses besondere Bedeutung beimessen; sie stellen uns eine *Fabel* vor, deren
Sinn ein Rätsel mit unendlichen Lösungsmöglichkeiten
ist.

Wo die Farbenpracht vorherrschend ist, ruft sie beim
Betrachter *Wachempfindungen* hervor; um die Farbe
voll zu genießen, müssen wir aus uns herausgehen, eine
äußerliche Erregung aufbringen, eine Eigenschaft in der
Welt der Vorstellung wahrnehmen. Wenn wir vom
»Zauber«, von der »Magie« der Farben sprechen, so
geht es nicht darum, im Bild einen Traumzustand unmittelbar zu *erkennen*. Das Bild ist nicht die *Spur* eines
Traums, sondern es regt uns zum Träumen an; wir treten erst in den Traum ein: die Farbe an sich zieht uns an.
Natürlich hindert nichts diese Träumerei, die zuerst von
unserer wahrnehmenden Tätigkeit beherrscht ist, sich im
Auftauchen von Phantasmen fortzusetzen. Es erhebt sich
da ein Traumzustand ausstrahlender Natur, in dem der
Betrachter sich sein eigenes »Universum« schafft. So ist
also der durch die Farbe hervorgerufene Traum eine
Folge des Bildes: er entwickelt sich erst nach der Begegnung, nach der anfänglichen Träumerei und in der Di-
mension der Zukunft. Das Bild ist eine Etappe auf der
Bahn des ausstrahlenden Traums, der sich ganz nach
Belieben des Betrachters fortsetzt . . .

Es gibt jedoch Werke, bei denen wir glauben, der
Traum habe sich in ihnen niedergelassen: wir glauben

ihn zu erkennen. Solche Werke haben den Traum *hinter* sich: sie sind sein bildlicher Bericht. Gehen wir weiter: sie scheinen die getreue Nachbildung des Traums zu sein, so wie andere Bilder getreu die Erscheinungen der wirklichen Welt nachahmen. In solchen Bildern ist meist dem Raum, den Figuren und den Entfernungen eine zugleich präzise und doch unvollkommene Bestimmung zugemessen, die in einem schrägen und verzerrten Verhältnis zur Wahrnehmung steht. Die zeichnerischen Elemente (Umriß und manchmal auch Perspektive) spielen eine wichtige Rolle, um die jeder Nachahmung anhaftende Erinnerung wachzurufen: der Künstler wird stets mit einem Überangebot an graphischer Präzision und Klarheit aufwarten, wenn er uns das *schon einmal Geträumte*, das *déjà vu* des Traums empfinden lassen will. Gegenstände, Figuren und Orte sind gemäß dem System der »abnormen« Perspektive gezeichnet und eingeordnet, die wir für den Stoff unserer Träume halten. Wir finden uns in das Traumgefühl »wieder« zurückversetzt. Und das ist bei den zeitgenössischen Künstlern, die der Traumwirkung mit Vorbedacht nachgegangen sind, noch ausgeprägter zu spüren. Die surrealistische Malerei ist zuallererst ein zeichnerischer Entwurf: ihre Wirksamkeit verliert sich durchaus nicht in den schwarz-weißen Reproduktionen. Das heißt nicht etwa, daß die Farbe ihre Funktion verloren hat. Das Spiel der Farben kann genau so frei und symbolisch sein wie die Gestaltung der Figuren, und es kann sich eng mit ihnen verbinden. Aber bei vielen surrealistischen oder »phantastisch-realistischen« Malern beschränkt sich die Farbe auf eine sorgfältige Kolorierung, die mit ihren schulmäßig exakten Schattentönungen zur Schaffung des Eindrucks einer pseudonormalen Darstellung beiträgt: die Traumwirkung verstärkt sich, wenn sie innerhalb der im Wachdasein üblichen Farben, Ausmaße und kleinsten Einzelheiten ihre Unwirklichkeit beibehält.

Der Vorrang der Zeichnung über die Farbe: das ist einer der wesentlichen Aspekte der neoklassizistischen Doktrin. Sie gibt damit vor, sich an die italienischen Meister des *Idealen* (Raffael und Michelangelo), an Poussin oder an die wahre Quelle, die hellenischen Vorbilder anzuschließen: es ist eine nostalgische, in die Vergangenheit blickende Doktrin, die über die kulturellen Vorbilder hinweg zu den von Plato und den Neoplatonikern empfohlenen ewigen Grundtypen zurückkehren möchte. Eines der bevorzugten Ausdrucksmittel der neoklassizistischen Kunst ist die Strichzeichnung, aus der alle Zufälligkeiten der Materie, alle Schlacken der Diesseitigkeit verbannt sind: die Farbe und sogar der Schatten sind verpönt. In dieser Technik begünstigt alles eine Schöpfung, in der die Traumwirkung sich voll entfalten kann. Und das ist es gerade, was uns in den Werken eines Flaxman, Carstens und zuweilen sogar eines Canova auffällt. Die tyrannische Vorrangigkeit des Umrisses, die vielleicht sogar eine Verarmung zu sein scheint, erschließt uns andrerseits die Gewißheit einer zweiten Welt, die, aller Attribute der Wirklichkeit enthoben, des wahren Tageslichts beraubt ist und sich ganz der Eingebung des Wunsches fügt.

Allerdings genügt die Vorherrschaft der Zeichnung

allein nicht: in vielen neoklassizistischen Bildern bleibt die ausdruckslose Idealdarstellung des Umrisses, die ja eigentlich den Eindruck jener edlen Einfalt und stillen Größe vermitteln sollte, die Winckelmann sich wünschte, in einer friedlich-kühlen und vornehmen Ausdruckslosigkeit befangen: da erstarrt die Geste, und nichts teilt sich mehr mit. Es ist die unbewegliche Herrschaft eines narzißtischen Ich-Ideals; die urbildlichen Figuren sind nur noch die harmonischen Sinnbilder der vernunftgebundenen Moralbegriffe des Künstlers. Die folgsame Einordnung in die Norm – die nicht ohne angsterfüllte Komponenten sein muß – läßt überall das Gesetz des hellen Tages herrschen. Es ist jedoch etwas ganz anderes, wenn das Idealbild nicht mehr als die Vorzeichnung eines übersinnlichen »Typus«, sondern vielmehr als das Produkt eines Bewußtseins aufgefaßt wird und besonders, wenn in diesem Bewußtsein Kraft und Leidenschaft die Rolle des erwägenden Vernunftwillens übernehmen. Die »Rückkehr des Verdrängten« ist um so heftiger, als sie sich vollzieht, ohne die Linearität der Zeichnung zu verändern. Was da *zurückkehrt,* ist weder der Schatten noch die Farbe, sondern die Gewalt, die die Figuren in den Umarmungen des Hasses und der Liebe aneinanderfesselt. (Die Laokoongruppe, in der Vater und Söhne in den Umschlingungen der riesigen Schlange ersticken, hat als Beispiel gedient und unter Berufung auf den Mythos und die Dichtung ein ganzes Register an Phantasieprodukten hervorgebracht, deren oedipischer Sinngehalt augenscheinlich genug ist.) Hier fügt sich die Zeichnung dem Willen des Künstlers, um die verzweifelte Anstrengung, die verzerrte Grimasse der Agonie auszudrücken ... Im Nachklang der ruhmvollen Episoden der Legende könnte sich die anfänglich auf die primitiven Kunstformen der »schönen Natur« eingestellte Betrachtung ganz allmählich in die Domäne des Traums verrückt haben. Die Eingebungen des Künstlers können sich um so freier entwickeln, als sie sich in den Schutz des Prestiges stellen, das der Antike anhaftet und alle in ihrem Sinne angewandten dramatischen Situationen rechtfertigt. Die erprobte Inspirationsquelle der Literatur bietet sich andrerseits als ein stichfestes *Alibi* an. Der graphisch dargestellte Traum mag noch so anstößige Formen annehmen: der berühmt anerkannte Text, auf den er sich bezieht, entschuldigt ihn.

Füssli hat, was ihn betrifft, nie die reine Linearität der Zeichnung befolgt. Seine Zeichnungen waren stets von leidenschaftlicher Gewalt beherrscht: die Nacht, der Mord, die erotische Verführung und die Sonderbarkeit des Bösen sind bei ihm Festwerte. Er hat zwar seine erste Stilart, die stark von Hogarth, dem verschrobenen Rokoko Mitteleuropas und den schweizerischen Graphikern des XVI. Jahrhunderts beeinflußt war, beträchtlich vereinfacht, wollte sich aber nie ohne Vorbehalt der neoklassizistischen Theorie anschließen [30]. Er hat in seinen Schriften hartnäckig das Recht auf Ausdruck und Charakter gefordert; er hat sich mit allen Kräften der

---

[30] Es sei jedoch darauf hingewiesen, daß Füssli 1765 eine englische Übersetzung der *Gedanken über die Nachahmung der griechischen Werke in der Malerei und Bildhauerkunst* von Winckelmann veröffentlichen ließ.

Winckelmannschen Doktrin widersetzt, die auf viele Geister so anziehend wirkte, indem sie eben jene »edle Einfalt und stille Größe«, die ruhige, verklärte Unbewegtheit zur notwendigen Bedingung der wahren Schönheit machte und die Zeichen der Leidenschaft als mit der Harmonie der Linien unvereinbar auf eine niedrigere Stufe verbannte. Füssli sah darin einen Widerspruch zum höheren Wesen der griechischen Kunst, in der ihm die Forderung nach der Form und der Intensität des Pathos eng miteinander verbunden zu sein scheinen. Wenn er auch nicht die klassische Theorie zugunsten einer romantischen Erneuerung ablehnt, so weigert er sich doch, auf das Schattenhafte und auf die Leidenschaft zu verzichten. Das Beispiel der Griechen und besonders sein Vorbild Michelangelo leiten ihn dazu an, überall die stärkstmögliche Ausdruckskraft zu suchen – allerdings unter der einzigen Bedingung, daß die Klarheit und Eleganz, die formale Größe nicht beeinträchtigt werden. Die Kunst kann die gewaltigsten Schrecken entfalten, aber sie muß dort Halt machen, wo das Abscheuliche begänne: das Entsetzen muß *rein* bleiben und sich vom Ekel und Widerwillen unterscheiden. Nur so kann die Würde des Stils, die Verbindung zwischen dem Ausdruck des Pathos und dem geistigen Prinzip – *mind* – erhalten bleiben. Immerhin hat Füssli stets einige Schwierigkeiten mit der Farbe, sei es aus Gleichgültigkeit, sei es, weil er sich vergebens bemüht, sie zu beherrschen [31]. Seine

---

[31] S. Gert Schiff, *Zeichnungen J. H. Füsslis aus seiner römischen Zeit*, Köln 1957, S. 42.

Kunst ist im Wesentlichen eine Illustrationskunst: er malt und zeichnet, was er in der Nachwirkung eines Textes »sieht«. Die *Erinnerungen* an Homer und Shakespeare haben durch die Erinnerung an Michelangelo hindurch Gestalt angenommen, aber die persönliche Leidenschaft hat sich ihrer so voll bemächtigt, daß sie bei näherer Betrachtung die *Wirkung einer Erinnerung* in uns hervorrufen können, wenn wir in ihr die Geschehnisse des Traums wiederzuerkennen glauben. Das Werk verlagert sich aus seinem Ursprungsort, der epischen Vergangenheit, in die Vergangenheit des Traums. Er geht von der Allgemeinheit der literarischen Meisterwerke in die Besonderheit einer *privaten Szene* über: der sich im Bild bestimmende Mythos kann die Grenze des Exzesses und des Unerträglichen erreichen, je nach dem interpretativen Auftrieb, den ihm der Künstler hinzufügt. Die traditionelle Historienmalerei hatte den Ehrgeiz, dem Bild eine Allgemeingültigkeit zu verleihen, die in ihrer Größe der des Wortes entspricht. Füssli dagegen (was auch immer seine eingestandenen Absichten waren) verlegt die Objektivität des Textes in die Subjektivität der Vision: er verleiht seiner Vision ihre eigentümliche Gestalt, beruft sich aber fast immer auf das Alibi der kulturellen Vergangenheit [32]. Jede Illustra-

---

[32] Ein Selbstbildnis in Bleistiftzeichnung (London, National Gallery) zeigt den Künstler in sitzender Stellung, die verschränkten Arme auf einem offenen Buch und das Kinn auf den Handrücken gestützt: diese Haltung entspricht – wie man weiß – der des »melancholischen

tion erfindet einen *Bezug* auf das gedichtete Wort. Sie
verleiht der dichterischen *Erzählung* Gestalt, als sei sie
die Beschreibung eines bereits vor ihr dagewesenen
Gegenstandes. Deshalb haftet der Illustration, wie dem
Historienbild, immer ein gewisser Mißbrauch an, denn
sie verfälscht gewaltsam jene visuelle Unbestimmtheit,
die dem Wort eigen ist. Die meisten Illustratoren versuchen, sich dadurch zu rechtfertigen, indem sie in
»Glaubwürdigkeit« machen. Füssli hingegen geht bis ans
Ende des Mißbrauchs. In solcher Voreingenommenheit
läßt er seiner persönlichen »Manier« freien Lauf, auch
wenn Goethe ihn dafür verurteilt: »Der bildende Künstler soll dichten, aber nicht poetisieren.«

*

Füssli hätte in Rom, wo er von 1770 bis 1778 lebte und
die Werke Michelangelos und die der Antike kopierte,
den sieben Jahre jüngeren Jacques-Louis David kennen-
lernen können. David war nicht nach Italien gekommen,
um dort eine erste Berufung als Dichter und Schrift-
steller aufzugeben – er wollte sich von der Farbe be-

Selbstporträts«. Es sei erwähnt, daß das Buch auf der
linken Seite einen Text und auf der rechten Seite eine
Illustrationsskizze zu enthalten scheint. Füsslis starrer,
nach vorn und ins Unendliche gerichteter Blick scheint
die dem Text entsprechende »Vision« zu suchen. Die
»Vision« ist der vermittelnde Augenblick; das Auge hat
sich vom Buch abgehoben, um die bildliche Antwort
festzuhalten.

175

freien: was er in Rom suchte, war zeichnerische Diszi-
plin, Beherrschung der Komposition und logische Anwendung der Farbe. Halten wir zunächst einmal fest,
welche Elemente ihnen gemein waren: für beide ist die
Norm des Schönen an die kulturelle Tradition des Altertums gebunden und muß in zähem Fleiß wieder neu
erobert werden; jene Sicherheit, Kraft und Souveränität
des Zeichenstrichs, die sich früher in einigen großen See-
len offenbarten und die von den Erben so sträflich ver-
nachlässigt und dem Verfall preisgegeben wurden, galt
es neu zu entdecken. Füssli und David haben nur Verachtung für die epidermischen Reize der Rokokoästhe-
tik, sie lehnen sich gegen die ihnen vorangegangene
frivole Epoche auf, aber sie tun es mit der Hoffnung auf
eine *Regeneration:* sie knüpfen an ein verlorengegange-
nes Ideal wieder an, um ihrer Kunst die begeisternde
Eigenschaft eines Neubeginns zu verleihen. Sie möchten
Erneuerer sein. Zu ihrer Zeit war das Wort *Revolution*
noch durchaus mit dem Begriff einer Umkehr vereinbar.
(Hierzu sei noch gesagt, daß in England gerade damals
die »industrielle Revolution« begann, die in der Geschichte einen radikalen Wandel mit sich brachte, der
jede Rückkehr zur Vergangenheit ausschloß. Es wäre
daher wohl nicht abwegig, zu behaupten, daß die Rückkehr zur Antike oder zu Michelangelo eigentlich einem
rückschrittlichen Wunsch entspricht, mit dem man die
beängstigende Neuheit der technischen und wirtschaft-
lichen Umwälzung zu verschleiern oder aufzuheben
versucht.)

David hat in der zeitlichen Ferne der Vergangenheit,

an den Gestaden der griechisch-römischen Kultur Formen entdeckt, die er Eile hat, ans helle Licht der Gegenwart zurückzubringen. Es scheint ihm besonders wichtig
zu sein, so rasch wie möglich die Verbindung von Realität und Antike herzustellen. Seine großen Historienbilder (»Der Horatierschwur«, »Brutus«, »Der Raub
der Sabinerinnen«) sollen wie Allegorien gedeutet werden, die sich aufs Tagesgeschehen, auf die politischen
Ereignisse seiner Gegenwart beziehen. Sie sind sinn-
bildliche Manifeste, deren Handlung und Geist denen
der Theaterbühne ähnelt: ein der Antike entlehntes
Thema, eine heroische Republik sind wirkungsvoll und
ernten Beifall, weil sie sich in der Anspielung auf die
Situation des Tages berufen. Der von Füssli so verschiedene formale Charakter der Gemälde Davids bietet
jeden Hinweis auf eine gewollte Verbindung zur Gegenwart. Die Historienbilder Davids spielen sich auf einer
im Lichte der klaren Gewißheit erhellten Bühne ab: alles
hebt sich aufrecht und vernunftgemäß auf den horizon-
talen Bodenfliesen ab. Die Szenerie hat ihre Rückwand:
der vor uns liegende Raum ist durch eine Mauer, eine
Kolonnade oder einen Wandbehang abgeschlossen. Keine
Möglichkeit des Zurücktretens ist den Personen offen-
gelassen: sie erscheinen alle vor der gleichmäßigen
Fläche, die die Bühne wie eine Kulisse abgrenzt. Mit
seinen *fries- und reliefartigen* Kompositionen, seinen
strengen Gegenüberstellungen und sich entgegenblicken-
den Gruppen bricht David mit dem System der in der
Tradition des Barocks so geschätzten sich verschiebenden
Drehungsachsen, die bei Füssli immer wieder auftreten

(denn er liebt besonders jene schwindelerregenden Abkürzungen [33], jene Flugwirkungen, die dem Betrachter den Eindruck des Überragt- und Überholtseins vermitteln). Das David'sche Bild, das den Betrachter auf gleiche Ebene stellt, gliedert sich so vollkommen in den *gemeinsamen Raum* ein, daß es sich durch ein »lebendes Bild« ersetzen ließe. David hat auch tatsächlich im Salon der Madame de Genlis solche lebenden Bilder inszeniert. Sie mußten seinen großen Kompositionen zum Verwechseln ähnlich sein. Er scheint nicht ruhen zu wollen, bis er nicht die edlen Gestalten seines »Schönheitsideals« in die Gegenwart versetzt und in der Gegenwart vorgestellt hat. So wird er auch später bei den großen Festen der Revolution die Regieführung übernehmen: welche Genugtuung für ihn, am großen Tag der Geschichte die Vollkommenheit der Antike und die lebendige Wirklichkeit miteinander verschmelzen zu können! Auf diese Weise verlieh die Besinnung auf die Vergangenheit dem Zeremoniell der politischen Machtübernahme ihre Würde, ihre Gewänder und Symbole und jene fromme Feierlichkeit einer ästhetischen und moralischen Erneuerung. Das Athen des Perikles, das Rom der großen Tugenden erlebten in der Republik ihre Wiedergeburt. Die Feier der neuen Ordnung im antiken Gewand hatte noch eine zusätzliche Bedeutung: sie war das Fest der Besinnung und der Treue zu den höchsten Vorbildern. Die un-

---

[33] Füssli hatte eine Vorliebe für die Anwendung der »Froschperspektive«, bei der natürlich der Betrachter das Bild aus der Froschsituation sieht.

wandelbare *Reinheit* der Bürgertugend – mit ihren sado-masochistischen Komponenten – hatte von nun an gefunden, auf wen sie sich berufen konnte. Das antike Gewand machte wie durch einen Zauber die heroische Identifikation mit den Gestalten des Plutarch möglich. Im Schwur, dem Höhepunkt der Revolutionsfeier drückte sich gleichzeitig die Zugehörigkeit zu einer unmittelbaren Zukunft und einer grundlegenden Vergangenheit aus; die Zeremonie erhielt von ihrem Gestalter die heiligen Attribute eines doppelten Ursprungs: sie ließ eine neue Zeit beginnen und besann sich zugleich auf die Prinzipien des Altertums. Aber die Harmonie des Festes (sowie die edle Verklärtheit der neoklassizistischen Kunst) mußte zu ihrer Entfaltung auch einen Gutteil an Heuchelei und Mißverständnis mit in Kauf nehmen. Was schlecht verdrängt oder kaum verborgen war – die Einzelinteressen, die vernunftlose Gewalt –, kam nur allzubald wieder zum Vorschein . . .

Füssli ist den umgekehrten Weg gegangen. Ihm liegt nichts am großen Tag der Geschichte. Er versucht nicht, was er in Rom bewundert hat, zu neuem Leben zu erwecken. Um es ein wenig überspitzt auszudrücken, würden wir sagen, daß er, anstatt die gegenwärtige Wirklichkeit mit antikem Putz schmücken zu wollen, sich launenhaft darauf verstanden hat, die legendären Gestalten mit modernem Putz auszustatten und ihnen große, »moderne« Federhüte aufzusetzen: er erreicht damit eine zusätzlich verfremdende Wirkung. Füssli geht zwar von den griechisch-römischen Vorbildern und Michelangelo aus, dringt aber in die Welt der Phantasie vor und gelangt über den mythischen Korpus der Tradition in den Bereich der persönlichen Phantasmen.

Damit schlägt Füssli eine radikal entgegengesetzte Bewegung ein, die ganz und gar im Widerspruch zu David steht, den die revolutionäre Hoffnung beseelt und der, zumindest im bildlichen Sinne, die Versöhnung des Wirklichen und des »Idealen« herzustellen versucht. In einer seiner frühen Schriften hatte Füssli für Rousseau und gegen Voltaire und Hume Partei ergriffen. Was er von Rousseau gelernt hat, ist der historische Pessimismus: der Fortschritt der Künste (und Füssli schließt sich da nicht aus) geht parallel mit dem Fortschreiten der Korruption [34]. Der Anspruch auf Tugend ist eine Heuchelei. Sünde und Tod regieren die Welt, und Füssli richtet beständig seine Fragen an sie. Er macht sich zu ihrem Vertrauten. Hat noch 1789 der Sturm auf die Bastille seine Begeisterung erregt, so stellt er 1793 mit bitterer Genugtuung die Rückkehr der Schatten und die Unmöglichkeit einer Herrschaft des Lichtes fest: »Die Menge duckt sich, findet sich mit dem Tyrannen der herrschenden Partei ab und folgt in degeneriertem Schweigen dem Gesetz der Gewalt.« [35]

*

Die nach Füsslis *Nachtmahr* verfertigten Stiche haben sich früh in ganz Europa verbreitet. Hat einer von ihnen

---

[34] S. Eudo C. Mason, *op. cit.*, S. 187–189. Mason spricht hier von einem »umgekehrten Puritanismus«.
[35] Eudo C. Mason, *op. cit.*, S. 184–185.

P.-J. Sauvage auf den Gedanken gebracht, jene ovale Vignette zu zeichnen, deren Titel *Der Alptraum der Aristokratie* [36] lautet? Die verkrampfte Haltung der Schlafenden, die halbnackt auf ihrem Bett liegt, stimmt nicht ganz mit dem, was wir bei Füssli festgestellt haben, überein. Und vor allem ist die Schlafende zu einer allegorischen Figur geworden: sie ist die Aristokratie. Um kein Mißverständnis aufkommen zu lassen, liegen am Fußende des Bettes Kronen, Szepter, ein Wappen und ein Malteserkreuz verstreut herum. Über der Schlafenden erscheinen nahe ihrer nackten Brust die Symbole der Republik: das gleichseitige Dreieck und die phrygische Mütze. Wer träumt hier? Es ist die den Machtmißbrauch, die Gewaltherrschaft und die ungerechten Privilegien darstellende Person. Der Traum stellt sich als prophetisch dar, und der Inkubus wird durch die Symbole einer gerechten Macht ersetzt, die bevorstehende Strafe ankündigen. Der Alptraum ist also nur der große Schrekken, der sich eines schuldigen Wesens bemächtigt (das heißt einer ganzen, allegorisch dargestellten Gesellschaftsschicht), als ihm nicht etwa ein Unhold, sondern das abstrakte Bild der Gleichheit und des Bürgersinns erscheint. Hier ist es die Figur des Bösen, die die Angst des Alptraums empfindet, und sie ist bereits in ihrem Alptraum auf dem Wege, besiegt zu werden. So müßte also die Welt des triumphierenden Guten eine Welt ohne schlechtes Gewissen, ohne Traum und ohne Alpdruck sein. Hier steht alles im Gegensatz zu Füssli: das alle-

[36] Stich von Copia, Paris, Nationalbibliothek.

gorische Verfahren mit seiner augenblicklichen Übertragung in Vernunftbegriffe, das Verhältnis der Figuren
zueinander, in dem das Prinzip des Guten den Platz des
affenhaften Inkubus einnimmt, das propagandistische
Ziel ... Noch einmal wird hier die Welt des Lichts und
das entscheidende Erwachen verkündet.

Dagegen verkündet Füsslis *Nachtmahr* überhaupt
keinen Ausweg. Gewiß könnte man sich den Augenblick
vorstellen, der dem Höhepunkt der Angst folgt. Aber
dieser Augenblick ist eine Zukunft, die bereits der Vergangenheit mit angehört: er hat sich im Raum des Unerreichbaren vollzogen. Das Erwachen wird für Füssli
nie eine Befreiung gewesen sein. Denn das Bild der gezückten Dolche, der geraubten Küsse und der abwegigen
Gelüste läßt die Hand des Malers nicht ruhen [37]; und
es war nach dem römischen Aufenthalt eine zitternde
Hand, wie seine Zeitgenossen berichten: man sieht es in
seiner Handschrift, nie aber in seinen Zeichnungen, die
stets vom flughaften Schwung einer nie zögernden Bewegung erfüllt sind. So vollzieht sich alles im Ablauf einer
zeitlosen Fabel. Eine Fabel, die im *Zurückruf* der Erinnerung zur provozierenden Gegenwart wird, in der

---

[37] Nach dem Tod des Malers hatte seine Witwe zahlreiche
obszöne Zeichnungen vernichtet. Einige davon sind
noch erhalten geblieben und wurden zum Teil von
Ruthven Todd in *Tracks in the Snow* (London, 1947)
veröffentlicht. S. auch Eudo C. Mason, *op. cit.*, S. 215.
Der vor Gert Schiff betreute Katalog der Werke J. H.
Füsslis ist erschienen: J. H. Füssl, 1741–1825, 2 Bände,
Zürich 1973.

das längst verschollene Leben die ungestillte Besessenheit
seiner Phantasiegestalten immer wieder aufs neue an-
facht [38].

---

[38] Vorliegender Essay enthält (zur Vervollständigung
oder Zusammenfassung) einige Abschnitte meines 1973
in Paris unter dem Titel *1789: Les Emblèmes de la
Raison* erschienenen Werkes.
Es sei noch auf zwei weitere Veröffentlichungen hin-
gewiesen: Peter Tomory, *The Life and Art of Henry
Fuseli*, London 1972, und Nicolas Powell, *Fuseli: The
Nightmare*, London 1973.

ERSCHIENEN BEI R. S. SCHULZ

Frank Arnau
Watergate · Der Sumpf
DM 9,80

Dr. med. Max Bajog
**Wer denkt, raucht nicht —
wer raucht, denkt nicht**
DM 5,80

João Bethencourt
**Der Tag, an dem der Papst
gekidnappt wurde**
DM 9,80

Manfred Bockelmann
Magic Hollywood
DM 38,—

Werner Egk
Die Zeit wartet nicht
DM 25,—

Anneliese Fleyenschmidt
Wir sind auf Sendung
DM 19,80

Indira Gandhi
Indira Gandhi spricht
DM 22,—

Valeska Gert
Katze von Kampen
DM 14,80

Michael Graeter
Leute · Bd. I und II
je DM 69,—

Erich Helmensdorfer
Die große Überquerung
DM 12,80

Erich Helmensdorfer
Westlich von Suez
DM 26,—

Erich Helmensdorfer
Hartöstlich von Suez
DM 22,80

Otto Hiebl
schön daß es München gibt
Broschiert DM 9,80
Leinen DM 14,80

Werner Höfer
Knast oder Galgen?
DM 24,—

Werner Höfer
**Starparade —
Sternstunden**
DM 36,—

Werner Höfer
Deutsche Nobel Galerie
DM 25,—

ERSCHIENEN BEI R. S. SCHULZ

ERSCHIENEN BEI R. S. SCHULZ

Angelika Mechtel
Die Blindgängerin
DM 25,—

Angelika Mechtel
Das gläserne Paradies
DM 25,—

Angelika Mechtel
Friß Vogel
DM 25,—

Peter de Mendelssohn
Das Gedächtnis der Zeit
DM 25,—

Werner Meyer
Götterdämmerung
April 1945 in Bayreuth
DM 22,—

Werner Meyer
Carl Schmidt-Polex
Schwarzer Oktober
17 Tage Krieg um Israel
DM 9,80

Peter Norden
Das Recht der Frau
auf zwei Männer
DM 16,80

Erik Ode
Der Kommissar und ich
DM 25,—

Heinz Piontek
Leben mit Wörtern
DM 19,80

Birte Pröttel
Ein Zwilling kommt
selten allein
DM 9,80

Herbert Reinecker
Feuer am Ende
des Tunnels
DM 25,—

Herbert Reinecker
Das Mädchen
von Hongkong
DM 19,80

Hans Riehl
Als Deutschland
in Scherben fiel
DM 9,80

Luise Rinser
Dem Tode geweiht?
DM 25,—

Luise Rinser
Wie, wenn wir ärmer
würden?
DM 16,80

Luise Rinser
Hochzeit der Widersprüche
DM 21,—

ERSCHIENEN BEI R. S. SCHULZ

Johannes Rüber
Wer zählt die Tage
DM 19,80

Dieter Sinn
**Besondere Kennzeichen:
Augen katzengrün**
DM 25,—

Jürgen v. Scheidt
Der geworfene Stein
DM 25,—

Sigi Sommer
Das kommt nie wieder
DM 23,—

Karlfriedrich Scherer
**Essen + Trinken
250,— DM monatlich für
eine Familie mit einem Kind**
DM 9,80

Monika Sperr
Die dressierten Eltern
DM 16,80

Peter Schmidsberger
Skandal Herzinfarkt
DM 25,—

Jean Starobinski
**Besessenheit und
Exorzismus**
DM 12,80

Franz Schneider
Der Baum der Erkenntnis
DM 9,80

Josef Steidle
I sag's wia's is
DM 9,80

Rolf S. Schulz
**Die soziale und rechtliche
Verpflichtung
des Verlegers**
DM 7,80

Helene Thimig-Reinhardt
Wie Max Reinhardt lebte
DM 26,—

*Hannelore Schütz,
Ursula v. Kardorff*
Die dressierte Frau
DM 14,80

Luise Ullrich
**Komm auf die Schaukel
Luise**
Balance eines Lebens
DM 25,—